"水头镇历史文化"丛书

孔子集语

Kongzi Jiyu

［宋］薛据◎辑

陈正印◎译注

中国民族文化出版社

北 京

序

　　水头位于南雁荡山麓，鳌江中下游。这里物阜民勤，人才辈出，千百年来为世人瞩目。这块依山傍水之地，气象万千，风光秀丽。这里是千年之镇，有千年文明历史、千年人口迁徙史、千年名门望族、千年尘光遗文；这里是山水之镇，有百年繁华老商埠、百年传统古庙市，雁山峥嵘演传奇，鳌水蜿蜒话沧桑；这里是文化之镇，百工之乡展风采，文艺精品吐芬芳，文化遗产誉四方，群英璀璨耀星空。这里还有当年先烈留下的革命传统精神，成为父老乡亲取之不尽、用之不竭的宝贵财富和攻克各种难关的原动力。

　　历史进入 20 世纪 80 年代中期，自古以来只知种田为生的水头人，方知"外面的世界很精彩"。他们或独自出门，或结伴而行，走南闯北，经商做生意，投资办工厂，尝到了政策开放的甜头。水头人将卖兔毛、经营皮革、开采煤矿等事业发展得风生水起，大有声色。他们靠自己的打拼，从赢得第一桶金开始，发展到日进斗金，名噪大江南北，令人敬佩；他们广采博纳海内外企业的

月积，浸成篇帙。而见于《曾子》《大戴记》《孔丛子》《家语》

四全书，与夫载于左氏、庄周、列御寇、荀卿者，皆不与。而错

见于汉儒诸书者，录之。其草创也，订之丞相克斋游先生。先生曰：

"嘻，夥哉！子勉成之。"时礼部侍郎蓬径、东畎二曹先生十余

年间列官秘府，遂得借书以阅。辛卯，火，秘书之藏逸矣，古书

有不得尽见者。属南宫下第，乃诠次此书为二十篇，题曰"集语"，

以毕其志。世有得而读之者，其犹"兑之戈，和之弓，垂之竹矢"

在金楼云。

淳祐丙午孟夏庚辛朔，永嘉薛据序。

目录

易者第一

1

子曰："《易》者，易也，变易也，不易也。管[1]三成为道德包籥[2]。"

【注释】

【1】管：统，总括。

【2】籥（yuè）：要点，纲要。按：本句有版本作"管三成德，为道苞籥"。本则后原注"见先秦古书《易乾凿度》"。

【译文】

孔子说："《周易》的'易'，是简易的意思，是变易的意思，是不易的意思。它统领这三件事，所以能成为天下之道德要领。"

子曰："《易》有太易[1]，有太初[2]，有太始[3]，有太素[4]。太易者，未见气；太初者，气之始；太始者，形之始；太素者，质之始。气、形、质具而未离，故曰浑沦[5]。浑沦者，言万物浑沦而未相离。视之不见，听之不闻，循[6]之不得，故曰易也。易无形畔[7]。易变而为一[8]，一变而为七[9]，七变而为九[10]。九者，气变之究也，乃复变而为一；一者，形变之始，清轻者上为天，浊重者下为地。物有始、有壮、有究，故三画而成乾；乾坤相并俱生，物有阴阳，因而重之，故六画而成卦。"

【注释】

【1】太易：指原始混沌的状态。

【2】太初：指天地未分时的混沌元气。

【3】太始：指天地成形之始。

【4】太素：指形成天地的素质。

【5】浑沦：宇宙形成前万物形质混合不分明的状态。

【6】循：借为揗（xún），抚摩。

【7】形畔：有版本作形埒（liè），界域。

【8】按：本句原注"太初也"。

【9】按：本句原注"太始也"。

【10】按：本句原注"太素也"。

【译文】

孔子说："《易》有太易、太初、太始、太素四个阶段。太易时，天地元气尚未形成；太初时，天地元气开始形成；太始时，天地开始成形；太素时，世间物质开始形成。气、形、质三者兼备而未分离，所以叫作浑沦。所谓浑沦，是说万物交融混合而未相分离。看又看不见，听又听不到，摸又摸不着，所以叫作易。易没有形状与边界。易变化而成为一，一变化而成为七，七变化而成为九。九是变化的终极，于是反过来又变化而成为一；一是形状变化的开始，清轻之气上浮成为天，浊重之气下沉成为地。物质有开始、强盛、终结三个阶段，所以三画而成为乾；乾、坤一并形成，每个物体都有阴、阳两面，所以重叠在一起，于是六画而成为卦。"

3

子曰："上古[1]之时，人民无别，群物无殊，未有衣食器用之利。于是伏羲[2]乃仰观象于天，俯观法于地，中观万物之宜，始作八卦，以通神明之德，类万物之情。故易者，所以继天地、理人伦[3]而明王道。是故，八卦以建，五气[4]以立，五常[5]以之行。象法乾坤，顺阴阳，以正君臣父子之义。度时制宜，作网罟[6]，以畋[7]以渔，以赡[8]人用。于是人民乃治，君亲以尊，臣子以顺，群生和洽[9]，各安其性。"

【注释】

【1】上古：远古时代。古人以书契时代以前为上古。

【2】伏羲：中华民族人文始祖，"三皇"之一。

【3】人伦：人类社会的伦常，人与人相处的常道。

【4】五气：天地五气，即太易、太初、太始、太素、太极。又化为金、木、水、火、土五行之气。

【5】五常：父义、母慈、兄友、弟恭、子孝等五种伦常道德。又谓仁、义、礼、智、信。

【6】网罟（gǔ）：捕鱼及捕鸟兽的工具。

【7】畋（tián）：打猎。

【8】赡（shàn）：供给人财物。

【9】和洽：和睦融洽。

【译文】

孔子说："远古时代，人与人之间没有尊卑的区分，物与物之间没有贵贱的差别，也没有衣服、食物、用具等便利。于是伏羲氏就抬头详观天上的现象，低头细察地上的法则，中间揣摩万物之所适宜的，开始创制八卦，来交接神明的意念，推理万物的情由。所以《易》是用来承接天地造化，调理人类伦常，从而彰明王道的。因此，八卦得以建立，五气得以确定，五常得以推行。卦象乃是效法天地、顺应阴阳，来匡正君臣、父子的关系。又根据时令制订适宜的制度，制作渔网、兽套，用来打猎、捕鱼，以满足人类的需求。于是人民才得以治理，君上、父母才显得尊贵，臣下、子女才能够顺服，天下黎民百姓才得以和谐融洽，各自安于自己的本分。"

4

子曰："文王[1]因阴阳消息[2]，立乾坤，统天地。夫有形者生于无形，则乾坤安从生？"

【注释】

【1】文王：指周文王姬昌。其行仁政，天下诸侯多归从。子武王姬发有天下后，追尊为文王。

【2】消息：这里指寒温之气。

【译文】

孔子说："周文王遵照阴阳之道与寒温之气，确立乾坤，统领天地。如果按照'有形者生于无形'的说法，那么乾坤又怎么能够生发出来呢？"

5

子曰："八卦之序成立，则五气变形。故人生而应八卦之体，得五气以为五常，仁、义、礼、智、信是也。"

【译文】

孔子说："八卦的秩序建立之后，五行就相生相克，从而改变形态。所以人们生来就与八卦本身相呼应，得到五行之气并演化为五常，就是仁、义、礼、智、信了。"

子曰："阳三阴四[1]，位之正也。夫易卦六十四，分而上下，象阴阳也。阳道[2]纯而奇，故上篇三十，所以象阳也；阴道[3]不纯而偶，故下篇三十四，所以法阴也。乾、坤者，阴阳之根本，万物之祖宗，故为上篇始而尊之也。离为日，坎为月，日月之道，阴阳之经，所以始终万物，故以坎、离为上篇。终咸者，男女之始，夫妇之道也。人道之兴，必由夫妇，所以奉承祖宗，为天地生，故为下篇始而贵之也。既济、未济为最终者，所以明戒谨而全王道[4]也。"[5]

【注释】

【1】阳三阴四：《易经》上篇分为三段，下篇分为四段。

【2】阳道：乾道。为主，居上之道。

【3】阴道：坤道。为辅，从属之道。

【4】王道：古时以仁义治天下的政治思想。

【5】按：本则后原注"以上并见《易乾凿度》"。

【译文】

孔子说："阳三阴四，是正位。《易经》六十四卦，分为上、下篇，是象征阴阳的。阳道纯粹而为奇数，所以上篇卦数为三十，是用来象征阳道的；阴道不纯粹而为偶数，所以下篇卦数为三十四，是用来效法阴道的。乾卦和坤卦，是阴道和阳道的根本，世间万物的始祖，所以作为上篇的开始，从而加以尊崇。离卦为日，坎卦为月，日、月运行的规则，是阴阳的常道，以其与万物相始终，故而以坎卦、离卦为上篇。以咸卦为结尾，是因为作为男人、女人的开始，是夫妇相处的原则。人类社会的兴起，必然通过夫妇，故而尊崇并继承祖宗，为天地生养，所以作为下篇的开始，并加以珍视。既济、未济这两个卦象作为最终，是用以明确务必小心谨慎从而保全王道的。"

7

子曰："昔纣有臣曰王子须，务为谄，使其君乐。须臾[1]之乐，而忘终身[2]之忧。"

【注释】

【1】须臾：片刻，暂时。

【2】终身：一生，一辈子。

【译文】

孔子说："以前商纣王有个臣子名叫王子须，专门巴结奉承，使他的君主感到很快乐。一意追求短暂的快乐，从而忘记了毕生相关的忧患。"

8

子曰："商[1]，汝知君[2]之为君乎？"子夏曰："鱼失水，则死；水失鱼，犹为水也。"

【注释】

【1】商：孔子弟子，姓卜，名商，字子夏。春秋末年晋国人。比孔子小四十四岁。在孔门"十哲"中以文学著名。

【2】君：君主。也泛指大夫以上据有土地的各级统治者。

【译文】

孔子问："商，你知道君主凭什么当好君主的道理吗？"子夏答："鱼如果失去水，就会死；水即便失去鱼，也还是水。"

9

子曰："恶人者，人恶之。知得之己者，亦知得之人。所谓不出环堵之室[1]而知天下者，知反之己者也。"[2]

【注释】

【1】环堵之室：四周围绕着土墙的房屋。

【2】按：本则后原注"并见《尸子》"。

【译文】

孔子说："不善待别人的人，人家也不会善待他。知道从自己身上明白什么道理的人，也会知道从别人身上明白什么道理。人们所说的不出家门半步却知道全天下之事的人，是懂得反省自己的人。"

子张[1]见鲁哀公[2]，七日不见礼。托仆夫而去，曰："臣闻君好士[3]，百舍重趼[4]来见君，七日而不礼。君之好士也，有似叶公子高之好龙也。叶公子高好龙，居室雕文以象龙。天龙闻而下之，窥头于牖，拖尾于堂。叶公见之，弃而还走，失其魂魄。是叶公非好龙也，好夫似龙而非龙者也。今臣闻君好士，不远千里而见君，七日不礼。君非好士也！"子张以告夫子[5]，子曰："彼好夫士而非士者也。"

【注释】

【1】子张：孔子弟子，复姓颛孙，名师，字子张，春秋末年鲁国人。比孔子小四十八岁。

【2】鲁哀公：名姬将，春秋末年鲁国君主。

【3】士：古代社会阶层的等级之一，为贵族中等级最低者。

【4】百舍重趼（jiǎn）：比喻长途跋涉，十分辛苦。舍，宿一夜为一舍。趼，脚掌因走远路而生的硬皮。

【5】夫子：古时称呼学者或老师。

【译文】

子张拜见鲁哀公，过了七天鲁哀公都没有安排以礼接见他。于是，托其属下告别而离开，说："我听说您重视人才，长途跋涉、历尽千辛万苦来拜见您，等了七天都没有受到接见。所谓的您重视人才，很像叶公子高喜欢龙的做法。叶公子高喜欢龙，就是把自己的居室到处按龙的样子进行雕刻、纹饰。天上的真龙听说了

易者第一

这个事，就降落到他家，龙头从窗户往里面探视，龙尾远远地拖到大堂之中。叶公见到了天龙，舍弃一切返身逃走，直吓得魂飞魄散。这说明叶公不是真的喜欢龙，只是喜欢像龙而不是龙的东西。而今我听说您重视人才，不远千里来拜见您，恭候了七天都没有受到您的接见。您并非真的重视人才呀！"子张把这件事告诉了孔子，孔子说："他是喜欢像人才而非真正人才的人。"

11

子曰："某[1]少而好学，晚而闻道，此以博矣。"[2]

【注释】

【1】某：自称。

【2】按：本则后原注"并《申子》"。

【译文】

孔子说："我年少时喜欢学习，到老明白了很多道理，因此比一般人知道得多一些。"

子贡第二

1

子贡[1]问曰："昔黄帝[2]四面，信[3]乎？"孔子曰："黄帝取合己者四人，使治四方，不计而耦[4]，不约而成，此之谓四面也。"[5]

【注释】

【1】子贡：孔子弟子，复姓端木，名赐，字子贡，春秋末年卫国人。比孔子小三十一岁。在孔门"十哲"中以言语著称。

【2】黄帝：五帝之首，号轩辕氏，被尊为中华民族"人文初祖"。

【3】信：言语真实。

【4】耦：通"偶"，符合。

【5】按：本则后原注"《尸子》"。

【译文】

子贡问："听说古时候黄帝有四张脸，是真的吗？"孔子答："黄帝任用符合自己选拔人才标准的四个人，让他们分别治理四方，结果不用亲自谋划，计划也能符合本意，不用亲自督促，事情就办理好了，这就是所谓的四张脸。"

2

季子^[1]治单父三年，巫马期^[2]往观化焉，见夜渔所得小鱼释之。巫马期以报孔子。子曰："季子之德至矣，使人暗行^[3]若有严刑在其侧！季子何以至此？某尝闻之'诚于此者形于彼'，季子必行此术也。"

【注释】

【1】季子：指孔子弟子宓子贱，姓宓，名不齐，字子贱，春秋末年鲁国人。比孔子小三十岁。曾任单父（今山东单县）宰。

【2】巫马期：孔子弟子，复姓巫马，名施，字子期（一作子旗），春秋末年陈国人。比孔子小三十岁。后接替宓子贱任单父宰。

【3】暗行：私底下做事。

【译文】

宓子贱治理单父三年之后，巫马期悄悄地去那里看他治理得怎么样，结果看到渔夫在晚上捕鱼时把捕到的小鱼都放了。巫马期把这件事报告孔子。孔子说："宓子贱的品德真是达到了非常高的境界啊，竟然使人在暗地里做事都像有严格的刑法在旁边一样！他是怎么达到这个程度的呢？我曾经听说'只要用精诚的心认真履行自己的职责，必然就能够影响到其他的方方面面'，宓子贱一定是实施了这种治理办法。"

3

哀公[1]问于仲尼[2]曰："吾欲小则守，大则攻，其道若何？"仲尼曰："若朝廷[3]上下皆君之亲附[4]也，君谁与攻？朝廷无礼，上下无亲，其众皆君之雠[5]也，君谁与守？"哀公于是废梁泽[6]之禁，弛关市[7]之征，以惠民。

【注释】

【1】哀公：指鲁哀公。

【2】仲尼：即孔子，名丘，字仲尼。

【3】朝廷：君主视事听政的地方，也指代政府。

【4】亲附：亲近依附的人。

【5】雠："仇"的异体字。仇人，仇敌。

【6】梁泽：桥梁与湖泽，泛指水上交通必经之处。

【7】关市：关隘与市场。指设在交通要道的集市。后来专指设在边境同外族或外国通商的市场。

【译文】

鲁哀公向孔子询问说："面对敌人的时候，我打算在自己势力弱时就守卫，在自己势力强时就进攻，您觉得我这个办法怎么样？"孔子说："如果朝廷上下都是您的亲信，您还需要攻击谁呢？如果朝廷不公道，大小臣子互不信任，所有人都是您的仇敌，您还能和谁一起守卫呢？"鲁哀公于是废弃了关于桥梁通行与湖泽捕捞的禁令，放宽了关卡与市场的税收，使人民得到了实实在在的好处。

4

子曰："善为吏[1]者立德，不善为吏者立怨。"[2]

【注释】

【1】吏：官员。

【2】按：本则后原注"并见《韩非子》"。

【译文】

孔子说："善于当官的人树立德业，不善于当官的人树立仇恨。"

5

孔子为鲁相，七日而诛少正卯[1]。门人[2]进问曰："夫少正卯，鲁之闻人[3]也。夫子为政而始诛之，得毋太甚乎？"子曰："居[4]，吾语[5]汝。人而恶者五，而盗不与焉。一曰心逆而险，二曰行僻而坚，三曰言伪而辩，四曰记丑而博，五曰顺非而泽。此五者，有一于人，则不免于君子之诛；而少正卯兼之，不可不诛也！"[6]

【注释】

【1】少正卯：春秋末年鲁国大夫，名卯，官至少正。

【2】门人：弟子，学生。

【3】闻人：有名望的人。

【4】居：坐。

【5】语（yù）：告诉。

【6】按：本则后原注"《尹文子》"。

【译文】

孔子做鲁国的代理宰相，处理政事才七天就杀了少正卯。他的学生追问他："那个少正卯，可是鲁国的名人啊。先生当政却先把他杀了，是不是做得太过分了？"孔子说："坐下，我告诉你其中的缘故。做人有五种罪恶的行为，而盗窃不包括在里面：一是内心精明却又险恶，二是行为邪僻却又顽固，三是说话虚伪却又动听，四是记述丑恶却又广博，五是行事荒谬却又掩饰。这五种罪恶，只要有一种在身上，就不能避免被君子诛杀；而少正卯同时具有这五种罪恶，所以我才不得不下令把他杀死啊。"

6

荆[1]有佽非[2]者，得宝剑于干队[3]，反渡江中流[4]，两蛟侠绕[5]其船。佽非谓枻船[6]者曰："尝有如此而得活者乎？"对曰："未尝见也！"于是佽非攘臂[7]拔剑，曰："武士[8]可以仁义说也，不可劫而夺也！此江之腐肉朽骨[9]，弃剑而已，余奚有焉?"赴江刺蛟,遂断其头,风波毕除,荆爵为执圭[10]。

孔子闻之,曰:"夫善除腐肉朽骨弃剑者,佽非之谓乎!"

孔子集语

【注释】

【1】荆:楚国别称。

【2】佽(cì)非:人名。春秋时期楚国勇士。

【3】干队(Hánsuì):即干隧,古地名,在今江苏省吴县西北。

【4】中流:水流的中央;渡程中间。

【5】侠绕:夹绕,从左右两侧同时缠绕。

【6】枻(yì)船:划船。

【7】攘臂:捋起袖子,伸出胳膊。形容激动奋起的样子。

【8】武士:习武的人,勇士。

【9】腐肉朽骨:腐烂的肉体,枯朽的骨头,指死者。也用于对敌人的蔑称,谓其即将死亡。

【10】执圭:楚国爵位名。圭以区分爵位等级,使执圭而朝,故名。也泛指封爵。

【译文】

楚国有位叫佽非的人,在干隧得到了一把宝剑,返回时渡长江,船到江心时,两条蛟龙从左右两侧同时缠绕着船。佽非对艄公说:"你见过在这种险境中还能活命的人吗?"艄公回答:"从来没见过!"于是佽非捋起袖子,伸出手臂,拔出宝剑,喝道:"勇武的人可以用仁义之礼来说服,但不能以威逼来使他屈服。这两个畜牲在我眼里只不过是这条江的腐肉朽骨，只要把宝剑扔下去就能结果它们的性命，此外还用得着我多做什么呢！"说完跳入江中刺杀蛟龙，便将龙头斩断，风浪全部消除。楚国封给了伙非执圭而朝的爵位。孔子听到这件事后，说："能够视凶恶的顽敌为腐肉朽骨，并扔下宝剑将其斩除的人，说的就是伙非这样的勇士吧！"

7

夫子见禾[1]之三变，滔滔然曰："狐首丘[2]而死，鸟飞反乡，兔走归窟[3]，我其首禾乎？穗垂而向根，不忘本也！"

【注释】

【1】禾：谷类植物的总称。

【2】首丘：相传狐狸将死时，头会朝向它出生的土丘。

【3】窟：洞穴。

【译文】

孔子看到谷类从种子到禾苗再到谷穗的三种变化，便不绝口地说："狐狸临死时头必朝向它出生的山丘，鸟飞得再高也会返回自己的故乡，兔子跑得再远也会返回自己的洞穴，我临终应该把头朝向谷类吧？谷穗下垂向着根部，这就是不忘本啊！"

子曰："小辩破言,小利破义,小艺破道,小见不达,大礼必简。河以委蛇[1]故能远,山以陵迟[2]故能高,阴阳无为[3]故能和,道以优游[4]故能化。"[5]

【注释】

【1】委蛇（wēi yí）：蜿蜒曲折的样子。

【2】陵迟：坡度缓。

【3】无为：以德化民,不采政刑。

【4】优游：悠闲自在。

【5】按：本则后原注"并见《淮南子》"。

【译文】

孔子说："琐碎的论证损害真理,细微的利益损害正义,小巧的技艺损害正道,卑下的见识损害达观,高尚的礼节必然简单明了。河因为曲折连绵,所以能够流向远方；山因为层叠绵延,所以能够高耸云天；阴阳之道因为不人为干预,所以能够和谐相安；大道因为悠闲自在,所以能够化育万物。"

子读《易》至"损[1]""益[2]",未尝不喟然[3]叹曰："或欲利之,适足以害之；或欲害之,适足以利之。利害[4],祸福之门,不可以不察。"

【注释】

【1】损：卦名。六十四卦之第四十一卦。兑（☱）下艮（☶）上，卦义为减少。

【2】益：卦名。六十四卦之第四十二卦。震（☳）下巽（☴）上，卦义为增益。

【3】喟然：叹息、叹气的样子。

【4】利害：利益和损害。

【译文】

孔子读《易经》到损卦和益卦，没有一次不叹息道："有时想使其得到利益，却足以使其受到损害；有时想使其受到损害，却足以使其得到利益。利益和损害，是惹祸或蒙福的门径，不能不加以明察。"

10

子曰："有虞氏[1]不赏不罚，夏后氏[2]赏而已，殷人[3]罚而不赏。罚，禁也；赏，使也。"[4]

【注释】

【1】有虞氏：舜的别称。

【2】夏后氏：禹的别称。

【3】殷人：商朝人。此处指商朝的君王，或特指纣王。

【4】按：本则后原注"并见《慎子》"。

【译文】

孔子说："舜帝不奖赏也不惩罚，禹王只奖赏不惩罚，殷王只惩罚不奖赏。惩罚，是为了禁止；奖赏，是为了激励。"

11

子曰："诵《诗》读《书》，与古人居[1]；读《书》诵《诗》，与古人期[2]。"[3]

【注释】

【1】居：住，相处。

【2】期：会合。

【3】按：本则后原注"《金楼子》"。

【译文】

孔子说："吟诵《诗经》，阅读《书经》，就像和古代的圣贤相处；阅读《书经》，吟诵《诗经》，就像和古代的圣贤相会。"

孔子御第三

1

孔子御坐[1]于鲁哀公，公赐之桃与黍[2]，子先饭黍而后食桃，左右掩口[3]而笑。公曰："黍，非饭也，以雪[4]桃也。"子曰："丘知之。然黍者，五谷之长，先王以为上盛；果蓏[5]有六，桃为下，宗庙[6]不以祭。丘闻之也，以贱雪贵，不闻贵雪贱。今以五谷之长雪果蓏之下，是从上雪下也，丘以为妨义，故不敢。"[7]

【注释】

【1】御坐：侍坐。

【2】黍：古代专指一种子实叫黍子的一年生草本植物。此处指黍子，即黄米。

【3】掩口：用手捂住嘴巴。

【4】雪：擦拭。

【5】果蓏（luǒ）：木实为果，草实为蓏。后用为瓜果的总称。

【6】宗庙：天子或诸侯祭祀祖先的专用处所。

【译文】

孔子陪坐在鲁哀公旁边，哀公赏赐给他一些桃子和黍子，孔子先吃黍子，然后吃桃子，旁边的侍从都用手捂着嘴巴偷笑。哀公说："黍子，不是用来吃的，而是用来擦拭桃子的。"孔子说："我知道。但是这黍子是五谷之首，先王用作上等祭品；平常的瓜果有六种，桃子属下等，宗庙不把它用作祭品。我听说应该用低贱的东西擦拭高贵的东西，没听说可以用高贵的东西擦拭低贱的东西。现在要用五谷之首擦拭瓜果中的下品，是用上等的擦拭下等的，我认为是损害礼义的，所以不敢做这样的事情。"

2

哀公[1]问于孔子曰："吾闻夔[2]一足，信乎？"对曰："夔，人也。何其一足也？夔通于声，尧曰：'夔一而已！'使为乐正。故君子曰：'夔有一足。'非一足也。"

【注释】

【1】哀公：指鲁哀公。

【2】夔（Kuí）：人名。相传为尧、舜时乐官。

【3】乐正：官名。周代乐官之长。

【译文】

鲁哀公问孔子："我听说夔只有一只脚，是真的吗？"孔子答道："夔，是人，怎么可能只有一只脚呢？夔通晓音律，尧说：'夔这样的人才只有这一个啊！'任命他为乐正。所以有见识的人都说：'夔有一个就足够了。'不是说他只有一只脚。"

3

吴伐越，堕[1]会稽[2]，获骨焉，节专车，使客问之仲尼曰："骨，何为大？"仲尼曰："某闻之，昔禹致群臣于会稽，防风[3]后至，禹杀而戮之，其骨节专车，此为大矣。"客曰："敢问谁守为神？"仲尼曰："山川之神，足以纪纲[4]天下者，其守为神。社稷[5]之守为公侯[6]，皆属于王者。"客曰："防风何守也？"仲尼曰："汪芒氏之君也，守封嵎[7]之山者也，为漆姓，在虞、夏、商为汪芒氏，于周为长翟[8]，今为大人。"客曰："人长之极几何？"仲尼曰："焦侥氏[9]长三尺，短之至也。长者不过十之，数之极也。"

【注释】

【1】堕（huī）：通"隳"，毁坏。

【2】会稽（Kuài jī）：地名，为越国首都，在今浙江省绍兴市柯桥区。

【3】防风：即防风氏，又称汪芒氏，部落首领，巨人。

【4】纪纲：法度。此处指起纪纲作用之人物。

【5】社稷：土神和谷神。古时君主都祭祀社稷，后来就用社稷代表国家。

【6】公侯：公爵与侯爵。泛指有爵位的贵族和官高位显的人。

【7】封嵎（Yú）：封山和嵎山的并称。在浙江德清县莫干山附近，两山相距仅二里，相传古汪芒氏之君防风守卫于此。

【8】长翟（dí）：即长狄。春秋时狄族的一支，传说其人身材较高，故称。

【9】焦侥（yáo）氏：即僬侥氏，古代传说中的矮人。

【译文】

吴国攻打越国，破会稽城，得到大骨骼，一个骨节就装满一辆车，于是派使者去请教孔子，问道："什么骨头最大呢？"孔子说："我听说，以前大禹在会稽紧急召集百官，防风氏迟到，大禹便杀死了他，他的骨节便装满一辆车，这骨头算是最大了。"使者说："请问掌管什么才称得上是神？"孔子说："山川的精灵，足以规范天下，所以其掌管者称得上是神。国家的掌管者是公侯，都从属于君王。"使者问："防风氏掌管什么呢？"孔子说："他是汪芒氏的君王，掌管封山和嵎山，姓漆，虞舜、夏朝、商朝时代叫汪芒氏，周代叫长翟，现在叫巨人。"使者问："人的高度极限是多少？"孔子说："焦侥氏身高三尺，是最矮的；最高的不超过他的十倍，这是数目的极限。"

4

仲尼在陈[1]，有隼[2]集于陈庭而死，楛矢[3]贯之，石砮[4]，其长尺有咫[5]。陈惠公[6]使人以隼如仲尼之馆问之。仲尼曰："隼之来也远矣。此肃慎氏[7]之矢也。昔者武王克商，通道于九夷百蛮，使各以其方贿来贡。于是肃慎氏贡楛矢石砮，其长尺有咫。先王欲昭令德之致远也，以示后人，故名其楛曰'肃慎氏之贡矢'，以分大姬[8]，配虞胡公[9]而封诸陈。古者分同姓以珍玉，展亲也；分异姓以远方之职贡[10]，使无忘服也。故分陈以肃慎氏之贡。君若使有司[11]求诸故府，其可得也。"使求，得之金椟[12]，如之。[13]

【注释】

【1】陈：古国名，在今河南省东部和安徽省北部一带。

【2】隼：一种像鹰的猛禽。

【3】楛（hù）矢：用楛木做箭杆的箭。

【4】砮（nǔ）：箭头。

【5】咫（zhǐ）：古代长度名，周制八寸，合今制市尺六寸二分二厘。

【6】陈惠公：春秋时期陈国君主。

【7】肃慎氏：古民族名。古代居于我国东北地区。

【8】大姬：周武王长女。

【9】虞胡公：即胡公满，虞舜后裔，被封于陈国，子孙以国为姓。

【10】职贡：春秋时期小国向大国进贡的财物。

【11】有司：指主管某部门的官吏。

【12】金椟：铜匣子。

【13】按：本则后原注"并《鲁语》"。

【译文】

孔子在陈国，有一只隼落在陈国君主的庭院中死了，射穿它的是一支楛木做的箭，石做的箭头，长一尺又一咫。陈惠公派人把隼拿到孔子住的馆驿询问他。孔子说："这只隼是从很远的地方来的。这是北方肃慎族的箭。从前武王灭了商朝之后，把道路通到了四面八方的各个民族，让他们各自以其特产来进贡。于是肃慎族人就进贡了楛木箭杆石箭头做的箭，箭身长一尺又一咫。先王想要显示自己美好的德行召来了远方的人，并让后人都知道，所以称这种箭为'肃慎氏之贡矢'，把它分给了大女儿，并把大女儿嫁给虞胡公而封在了陈国。古时候天子把宝玉分给同姓诸侯国，是为了表示亲近；把远方的贡品分给异姓诸侯国，是为了使他们不忘顺服。所以分给陈国的是肃慎氏的贡品。您如果让主管人员去旧府库里找这种箭矢，应该能找到。"于是陈惠公便派人去找，果然在一个铜匣子里找到，正像孔子说的那样。

5

孔子出游于少原[1]之野，有妇人中泽[2]而哭，其音甚哀。孔子怪之，使弟子问焉，曰："夫人[3]何哭之哀？"妇人曰："乡者[4]刈[5]蓍薪[6]而亡吾蓍簪[7]，吾是以哀也。"孔子曰："刈蓍薪而亡蓍簪，有何悲焉？"妇人曰："非伤吾簪也，而所以悲者，盖不忘故也。《诗》曰'代马[8]依北风，飞鸟扬故巢'，皆不忘故之谓也。"

【注释】

【1】少原：古地名。

【2】中泽：沼泽之中；草泽之中。

【3】夫人：对妇人的尊称。

【4】乡（xiàng）者：以前。乡，通"向"。

【5】刈（yì）：割。

【6】蓍（shī）薪：柴草。

【7】蓍簪（zān）：蓍草做的簪子。

【8】代马：北地所产良马。代，古代郡地，后泛指北方边塞地区。

【译文】

孔子外出游玩，来到少原的郊野，见有个妇女在草地里哭，哭声很悲哀。孔子感到很奇怪，就让弟子去问她怎么回事。弟子问："夫人为什么哭得这么伤心呢？"妇女回答："刚才我割柴草的时候，丢失了蓍簪，我因为这感到很伤心。"孔子说："割柴草而丢失了不值钱的蓍簪，有什么好伤心的呢？"妇女说："不是因为蓍簪值钱而伤心，这么伤心的原因，是因为忘不了旧东西。《诗经》说的'北方所产的马总是怀恋北边吹来的风，飞鸟总是在以前住过的鸟巢之上盘旋飞翔'，都是不忘故旧的意思。"

6

子曰："《易》先'同人[1]'，后'大有[2]'，承之以'谦[3]'不亦可乎？故德行宽容，而守之以恭者荣；土地广大，而守之以俭者安；位尊禄重，而守之以卑者贵；人众兵强，而守之以畏者胜；聪明睿智[4]，而守之以愚者哲；博闻强记，而守之以浅者不溢。此六者，谦德也。《易》曰：'谦，亨，君子有终，吉。'"

【注释】

【1】同人：卦名。六十四卦之第十三卦。离（☲）下乾（☰）上，意为与人和协。

【2】大有：卦名。六十四卦之第十四卦。乾（☰）下离（☲）上，为盛大丰有之象。

【3】谦：卦名。六十四卦之第十五卦。艮（☶）下坤（☷）上，为谦逊之象。

【4】睿（ruì）智：见识卓越，富有远见。

【译文】

孔子说："《易经》把'同人'卦排在'大有'卦前面，再用'谦'卦接续，不也是很妥善的安排吗？所以品性宽厚，而保持谦恭的人获得荣耀；土地广大，而保持节俭的人获得安宁；位高俸厚，而保持谦卑的人获得高贵地位；人多兵强，而保持敬畏的人获得胜利；聪明智慧，而保持朴拙的人明达；博闻强记，而以保持纯真的人不会自满。这六种，都属于谦逊的品德。《易经》说：'谦卦，亨通，君子有好结局，吉祥。'"

鲁哀公问于孔子曰："有智者寿乎？"孔子对曰："然[1]。人有三死而非其命也，人自取之。寝处不时，饮食不节，劳佚[2]过度者，疾共杀之；居下位而好干[3]上，嗜欲[4]无厌[5]，求索不止者，刑共杀之；少以犯众，弱以侮强，忿[6]不量力，兵共杀之。此三死者，非其命也，人自取之。"

【注释】

【1】然：对，是。

【2】劳佚：即劳逸，劳苦与安逸。

【3】干（gān）：触犯，冒犯。

【4】嗜欲：指肉体感官上追求享受的要求。

【5】厌：满足。

【6】忿：恨，生气。

【译文】

鲁哀公问孔子："有聪明才智的人长寿吗？"孔子答道："是的。但人有三种死法与命运无关，是自找的。作息不规律，饮食不节制，疲劳或享乐过了限度，疾病就会杀死他；处于下位而喜欢冒犯上司，欲望过度不知满足，追名逐利没有休止，刑律就会杀死他；以少数抗拒多数，以弱小欺负强大，生气时不自量力，兵器就会杀死他。由于这三种情况而死的人，不是其命运的原因，而是自找的。"

子曰："可以与言终日[1]而不倦者，其惟学乎？其身体[2]不足观也，勇力不足惮[3]也，先祖不足称也，族姓[4]不足道也，然而可以闻四方而昭于诸侯[5]者，其惟学乎？"[6]

【注释】

【1】终日：整天。

【2】身体：指身材、相貌。

【3】惮（dàn）：怕，畏惧。

【4】族姓：家族，宗族。

【5】诸侯：古代中央政权所分封的各国国君的统称。

【6】按：本则后原注"并《韩诗外传》"。

【译文】

孔子说："能够整天都在谈论而不会感到厌倦的，恐怕只有学习了吧！那些长得不怎么好看，勇气和力量不值得人怕，祖先不值得赞扬，家族不值得称道，却能够闻名于四方，让各国诸侯都知道其名声的，恐怕只有学问广博精深的人吧！"

持盈第四

1

子曰："持盈[1]之道，挹[2]而损之，顺之者吉，逆之者凶。能此者，其惟周公[3]乎？周公以文王之子、武王之弟、成王之叔父，所执贽[4]而师见者七人，所还贽[5]而友见者十三人，穷巷白屋[6]之士所先见者四十九人，时进善者百人，官朝者千人，谏臣五人，辅臣五人，拂臣[7]六人，载干戈以至封侯异族九十七人，而同姓之士百人。犹[8]以周公为天下党[9]，则以同族为众，异族为寡也。"

【注释】

【1】持盈：端着满盆水。喻保守已成的功业。

【2】挹：舀，把液体盛出来。

【3】周公：西周初期政治家。姓姬名旦，也称叔旦。武王崩，成王幼，周公摄政，天下臻于大治。后多被视为圣贤的典范。

【4】执贽（zhì）：持礼物作为相见之礼，多指谒见师长。

【5】还赞：古人执礼求见，被求见的人表示地位相等，不敢当而归还其礼物。

【6】白屋：以干茅草覆盖的房屋，指贫穷人家住的房子。

【7】拂（bì）臣：辅弼之臣。拂，通"弼"。

【8】犹：若，如果。

【9】党：偏私，偏袒。

【译文】

孔子说："端好满盆水的办法，就是舀一点出来舍弃不要，顺应这个规律就吉利，违背这个规律就不吉利。能做到这个的，大概只有周公了吧！周公以文王的儿子、武王的弟弟、成王的叔父的身份摄政，他所奉上见面礼去求见的师长有七人，对方表示不敢当而归还礼物并作为朋友相见的有十三人，贫寒人家的士人而他不以对方地位卑下并先去求见的有四十九人，时常献上良策的有上百人，为官朝见的有上千人，谏诤的大臣有五人，辅佐的大臣有五人，匡弼的大臣有六人，执兵器作战立功而被封侯的异姓有九十七人，而同姓的士人有百人。如果以为周公治理天下有所偏袒，则是任用同姓的人为多，而任用异姓的人为少吧。"

2

子曰："不谨于前而悔于后，嗟乎，虽悔亦无及矣！《诗》曰'惙[1]其泣矣，何嗟及矣'，此之谓也。"

【注释】

【1】惙（chuò）：啜，哭泣时抽噎的样子。

【译文】

孔子说："事前不谨慎，事后却悔恨，唉，即便是万般后悔也已经来不及了啊！《诗经》所谓'抽噎着哭泣，悲叹来不及'，说的就是这个意思。"

3

孔子遭齐程本子[1]于郊，倾盖[2]而语终日。有间[3]，顾子路[4]曰："由，束帛[5]一以赠先生。"子路不对。有间，又顾曰："由，束帛一以赠先生。"子路屑然[6]而对曰："昔者由也闻之夫子，士不中道而见。女无媒而嫁，君子不行也。"子曰："由，《诗》不云乎？'野有蔓草，零露溥[7]兮。有美一人，清扬[8]婉兮。邂逅[9]相遇，适我愿兮[10]。'今程本子，贤士也，于是不赠，终身不之见也！"

【注释】

【1】程本子：春秋时期晋国名士，姓程，名本。

【2】倾盖：途中相遇，停车交谈，双方车盖往一起倾斜。形容一见如故。

【3】有间（jiàn）：有一会儿。

【4】子路：孔子弟子，姓仲，名由，字子路，又字季路。

春秋末年鲁国人。比孔子小九岁。在孔门"十哲"中以政事著名。

【5】束帛：捆成一束的布帛，古时作为馈赠的礼物。

【6】屑然：不高兴的样子。

【7】溥（tuán）：（露水）盛多。

【8】清扬：形容眉目开朗有神。

【9】邂逅（xiè hòu）：没有事先约定而偶然相遇。

【10】按：句见《诗经·郑风·野有蔓草》。

【译文】

孔子在郊野遇到程本子，一整天相谈甚欢。过了一会儿，孔子回头对子路说："由，拿一份束帛赠送给程先生。"子路装作没听见，不作答。又过了一会儿，孔子又回头对子路说："由，拿一份束帛赠送给程先生。"子路不高兴地对孔子说："以前我听先生您说过，士不经人介绍是不在半路相见的。就好比女子不经过媒人介绍而嫁人，君子是不做这样有违礼仪之事的。"孔子说："由，《诗经》不是这样说过吗？'田野有蔓草，滋润着它的露水真多啊！有个美丽的人，眉目清朗多么娇婉啊！能够和她不期而遇，真是满足了我的心愿啊！'如今的程本先生，是位有名的贤士，在这里若不赠礼订交，只怕这辈子再也见不到了呀！"

4

子曰："大夫【1】有争臣【2】三人，虽无道不失其家【3】。季氏【4】僭【5】天子舞八佾【6】、旅【7】泰山、以雍【8】彻，无道甚矣！然而不亡者，以冉有[9]、季路[10]为之宰[11]也。"

【注释】

【1】大夫：古代官名。西周以后的诸侯国中，国君下有卿、大夫十三级，大夫世袭，且有封地。

【2】争（zhèng）臣：指能直言谏君，规劝君主过失的大臣。争，同"诤"。

【3】家：商、周时期大夫统治的政治区域。

【4】季氏：春秋时鲁国季孙氏。

【5】僭（jiàn）：超越本分，古代指地位在下的冒用在上的名义或礼仪、器物。

【6】八佾（yì）：周代天子用的舞乐。舞队由纵横各八人，共六十四人组成。

【7】旅：祭山。

【8】雍：古天子祭祀宗庙完毕撤祭品时所奏的乐章，亦用为撤膳时之乐。

【9】冉有：孔子弟子，姓冉，名求，字子有。春秋末年鲁国人。比孔子小二十九岁。在孔门"十哲"中以政事著名。

【10】季路：即子路。

【11】宰：古代官吏的通称。这里指家臣。

【译文】

孔子说："大夫只要有三个能直言规劝其过失的臣子，即便暴虐而没有德政，也不会失去其领地。季孙氏僭行天子的礼仪，越分使用八佾舞，祭祀泰山，撤祭品时演奏雍乐，简直是太荒唐了！但是他至今也没有灭亡的原因，都是因为冉有、季路他们在辅佐他啊。"

5

剑虽利，不厉[1]不断；材虽美，不学不高。虽有旨酒[2]、嘉肴[3]，不尝不知其旨也；虽有善道[4]，不学不达其功也。故学然后知不足，教然后知不究[5]。不足，故自慊[6]而勉；不究，故尽思而熟。由此观之，则教学相长也。

【注释】

【1】厉：凶猛。这里指动作迅猛。

【2】旨酒：美酒。

【3】嘉肴：美味的鱼肉。

【4】善道：高妙的法则、规律。

【5】究：极，到底。

【6】自慊（qiè）：自足，自快。

【译文】

剑即便非常锋利，不奋力也砍不断东西；资质即便非常出色，不努力学习也不会有高超的本领。即便有美酒、美食，不尝一下也不会知道其美味；即便有高妙的法则，不努力学习也达不到其功效。所以学习之后才会知道不足的地方，教授之后才会知道还有没穷尽的地方。不满足，所以才会尽力充实自己；未穷尽，所以才会深入思考熟练掌握。从这些方面看来，教和学是相互促进的。

6

子曰："尧舜清微[1]其身，以听天下，务来贤人。举贤[2]，百福之宗也，神明[3]之主也。"

【注释】

【1】清微：虚己谦下。

【2】举贤：荐举有贤德的人才。

【3】神明：英明，圣明。

【译文】

孔子说："尧和舜都非常谦卑，从而广泛听取天下人的意见，特别是致力于选拔任用德才兼备的人。荐举有贤德的人才，是各种福气的根本，是圣明的主要表现。"

7

孔子适卫[1]，卫使见客。客去，颜渊[2]问曰："客仁也乎？"子曰："恨[3]兮其心，颡[4]兮其口，仁即吾不知也。"颜渊蹴然[5]变色曰："良玉度尺，虽有十仞[6]之土，不能掩其光；良珠度寸，虽有百仞之水，不能掩其气。夫形体之包心也，闵闵乎其薄也。苟有温莹^[7]良在其中，则眉睫^[8]见之矣；疵瑕^[9]在其中，亦不能匿^[10]也。《诗》曰'鼓钟于宫，声闻于外^[11]'，言有诸中者，必形诸外也。"

【注释】

【1】适卫：到卫国去。

【2】颜渊：孔子弟子，姓颜，名回，字子渊。春秋末年鲁国人。比孔子小三十岁。在孔门"十哲"中以德行著名。

【3】恨：遗憾，不同意。

【4】颡（sǎng）：额头，引申为点头，表示同意。

【5】蹴（cù）然：恭敬的样子。

【6】仞（rèn）：古代长度单位。周制八尺，一尺约合二十三厘米。

【7】温莹：温润光洁貌。

【8】眉睫（jié）：眉毛和睫毛，比喻近在眼前。睫，同"睫"。

【9】疵瑕（cī xiá）：过失，缺点。

【10】匿（nì）：隐藏，躲藏。

【11】按：句见《诗经·小雅·白华》。

【译文】

孔子到卫国去，卫国让他会见客人。客人离开后，颜渊问孔子："客人仁吗？"孔子说："心里不同意，嘴上却赞成。仁不仁我不知道。"颜渊脸上立刻变成恭恭敬敬的样子，说："一尺大的宝玉，即便有十仞厚的土，也掩盖不住它的光泽；一寸大的珍珠，即便有百仞深的水，也掩盖不住它的光彩。人靠身体包藏着一颗心，是那么薄薄的一层。如果有珠玉般的品质，就会在眼睛中显露出来；如果有瑕疵般的缺失，眼睛也是隐藏不了的。《诗经》中的'钟鼓在宫中敲，声音在宫外传'，就是说心里若有所想，外表必有所现。"

8

　　孔子行，闻有哭声其哀。子曰："驱驱[1]，前有贤者！"至，则皋鱼[2]也。被褐[3]拥镰，哭于道傍[4]。子辟车[5]与之言，曰："子非有丧，何哭之悲也？"皋鱼曰："吾失之三矣！少而好学，周流[6]诸侯，以殁吾亲，失之一也；高尚吾志，简于事君，失之二也；与交友厚，中而绝之，失之三也。木欲静而风不止，子欲养而亲不逮[7]。往而不可反者，年也；逝而不可追者，亲也。吾请从此辞矣！"立槁[8]而死。孔子曰："弟子识[9]之！"于是，门人辞归而养亲者十有三人。

【注释】

【1】驱驱：策马奔驰。

【2】皋鱼：春秋末年贤人。

【3】被褐（pī hè）：穿粗布衣服，指贫贱的人。被，同"披"。

【4】傍（páng）：旁。

【5】辟（bì）车：离开车子，下车。

【6】周流：周遍流行，遍及各地。

【7】逮（dài）：及，赶上，达到。

【8】槁（gǎo）：干枯。

【9】识（zhì）：记住。

【译文】

孔子出行，听到有人哭得很悲伤。孔子说："快点赶车，前面有个贤人！"走近一看，原来是皋鱼。只见他穿着粗布衣服，怀里抱着镰刀，在路边哭泣。孔子下了车，对他说："看你的打扮不是家里有丧事，为什么要哭得如此悲伤呢？"皋鱼说："我的过错有三件！年少时爱好学习，周游各诸侯国，以致在此期间双亲去世了，这是第一个过错；我的志向很清高，对于辅佐哪个君主过于挑剔，致使在政治上毫无建树，这是第二个过错；与结交的朋友情谊深厚，却半途绝交，未能善始善终，这是第三个过错。树想静立而风却不停地吹，子女想好好赡养双亲而他们却不在了。过去而不能返回的是岁月，逝世而不能追回的是父母。我希望从此离开人世！"说完便站着枯槁而死。孔子说："弟子们，牢牢记住这些话！"于是，孔门弟子辞别回家奉养父母的有十三人。

9

宋大水，鲁吊[1]之曰："天降淫雨[2]，害于粢盛[3]，延及君地，以忧执政[4]，使人敬吊。"宋人应之曰："寡君[5]不仁，斋戒[6]不修，使民[7]失时，天加以灾，又遗君忧，拜命[8]之辱。"孔子闻之曰："宋其庶几[9]乎！昔有桀纣[10]不任其过，其亡也忽焉；文王知任其过，其兴也勃焉。知过而改之，是不过矣。"宋人闻之，乃夙兴夜寐[11]，吊死问疾，戮力[12]宇内。三岁，年丰政平。[13]

【注释】

【1】吊：慰问。

【2】淫雨：连续不停的过量的雨；久雨。

【3】粢盛（zī chéng）：古代盛在祭器内以供祭祀的谷物。

【4】执政：掌握政权的人。

【5】寡君：臣下对别国谦称本国国君。

【6】斋戒：在祭祀或举行重要典礼之前，沐浴更衣，不饮酒，不吃荤，夫妻不同房，严守戒律，以示虔诚庄敬。

【7】使民：使用民力。

【8】拜命：谦称不能完成所交付的使命。

【9】庶几（shù jī）：表示希望的语气词，或许可以。

【10】桀纣：夏桀与商纣，指暴君。

【11】夙（sù）兴夜寐（mèi）：早起晚睡，比喻勤劳。

【12】戮（lù）力：合力，努力。戮，同"勠"。

【13】按：本则后原注"并《韩诗外传》"。

【译文】

宋国发了大水，鲁国派人来慰问说："上天下了过多的雨，影响了粮食生产，波及您的土地，让你们倍感担忧，所以我们国君派我来表示慰问。"宋国人应答他说："我们的国君没有仁德，斋戒不到位，役使百姓不合时宜，所以上天降下灾祸，又导致贵国君忧虑，很惭愧让贵国失望了！"孔子听到了这件事，说："宋国这样做算是到位了吧！从前夏桀、商纣不承认自己的过错，所以他们灭亡十分迅速；文王知道承认自己的过错，所以他的兴起也十分迅猛。知道过错并加以改正，也就不再是过错了。"宋国人听到这话，就早起晚睡努力拼搏，慰问死了人的，探望得了病的，互相关怀，国内通力协作。过了三年，物产丰收，政治太平。

子观第五

1

子观于鲁桓公[1]之庙，有欹器[2]焉。子曰："此为何器？"曰："此为宥坐[3]之器。"子曰："吾闻宥坐之器者，虚则欹，中则正，满则覆，明君以为至诫。"顾谓弟子曰："注水焉。"弟子挹水而注之，中则正，满则覆。子喟然而叹曰："吁！恶[4]有满而不覆者哉？物盈则衰，乐极则悲，日中则移，月盈则亏。"子路曰："敢问持满有道乎？"子曰："聪明睿智，守之以愚；功被天下，守之以逊；勇力盖世，守之以怯；富有四海，守之以谦。此所谓挹而损之之道也。"

【注释】

【1】鲁桓公：春秋时期鲁国君主。约比孔子早 180 年。

【2】欹（qī）器：古代一种倾斜易覆的盛水器。

【3】宥（yòu）坐：古时国君置于座右以自勉。

【4】恶（wū）：疑问词，哪里，怎么。

【译文】

孔子到鲁桓公的太庙去参观，见到一种倾斜易覆的器具。孔子问道："这是什么器具？"守太庙的人回答说："这是一种'座右铭'一般的器具。"孔子说："我听说这种器具，空着时便倾斜，装了一半水就会平正，装满水了就会翻倒，贤明的君主用来警告自己。"又回头对学生说："往里面装水吧。"他的学生舀水往里倒，装一半水时欹器就平正了，装满了水后欹器就翻倒了。孔子感慨地说："唉！哪有满盈而不翻倒的道理呢？事物满盈会衰败，高兴过头就会悲伤，太阳到了中天就会西落，月亮圆了就会亏损。"子路说："请问保有圆满有办法吗？"孔子说："聪明智慧，以愚笨保守它；功高天下，以退让保守它；勇力盖世，以怯懦保守它；富有四海，以谦虚保守它。这就是所说的'挹而损之'的办法了。"

2

子曰："终日言不遗己忧，终日行不遗己患[1]，惟智者有之。故恐惧所以除患也，恭敬所以越难也。终日为之，一言败之，可以不谨乎？"

【注释】

【1】患：灾祸。

孔子说：“一整天讲话而不给自己留下忧患，一整天做事而不给自己留下灾祸，这只有聪明人才能办到。所以害怕可以用来免除灾祸，恭敬可以用来渡过难关。一辈子所做的事，一句话就可以毁掉它，能不谨慎吗？”

3

颜渊问曰：“回愿贫而如富，贱而如贵，无勇而威，与人交通[1]终身无患，其可乎？”子曰：“善哉问也！夫贫而如富，知足而无欲也；贱而如贵，能逊而有礼也；无勇而威，恭敬而无失也；终身无患，择言而后出也。”[2]

【注释】

【1】交通：往来，交往。

【2】按：本则后原注“并《韩诗外传》”。

【译文】

颜渊问道：“我希望贫穷而如同富有，卑贱而如同尊贵，没有勇力却有威严，和别人交往一辈子都没有灾祸，能做到吗？”孔子说：“问得好！贫穷而如同富贵，说明懂得满足而没有贪心；卑贱而如同尊贵，说明能够谦让而注重礼节；没有勇力却有威严，说明态度恭敬而没有过失；一辈子没有灾祸，说明知道选择适当的话语再去表达。”

4

孔子曰："《箫韶》者，舜之遗音[1]也。温润以和，似南风之至。其为音，如寒暑风雨之动物，如物之动人。雷动兽禽，风雨动鱼龙[2]，仁义动君子，财色[3]动小人。是以圣人务其本，乐动声仪。"

【注释】

【1】遗音：古人所流传下来的音乐。

【2】鱼龙：鱼和龙。泛指鳞介水族。

【3】财色：财物与女色。

【译文】

孔子说："《箫韶》是舜帝制作并流传下来的音乐。它温润而和谐，演奏起来就像南风吹来，让人感到无比惬意。它作为一种音乐，如同寒暑风雨能改变万物，又如同万物能改变人。打雷惊动鸟兽，风雨惊动水族，仁义道德感动君子，钱财美女打动小人。所以圣人致力于根本，用音乐影响人们的言行举止。"

5

子曰："蚩尤[1]，庶人[2]之贪者，非天子[3]也。"

【注释】

【1】蚩（Chī）尤：传说中的古代九黎族首领，因叛乱与黄

帝战于涿鹿，为帝所戮。裴骃撰《史记集解》引应劭曰："蚩尤，古天子。"

【2】庶（shù）人：平民百姓。

【3】天子：旧称统治天下的帝王。古代认为帝王乃受天命而有天下，所以帝王为上天的儿子，称为"天子"。

【译文】

孔子说："蚩尤，是平民百姓中不知满足的人，不是统治天下的帝王。"

6

鲁大夫季桓子穿井[1]，获如土缶[2]，其中有羊焉。使问之仲尼曰："吾穿井而获狗[3]，何也？"对曰："以某之所闻，羊也。某闻之，木石之怪曰夔[4]、蝄蜽[5]，水之怪曰龙、罔象[6]，土之怪曰羵羊[7]。"

【注释】

【1】穿井：开凿水井。

【2】土缶：瓦罐。

【3】狗（gòu）：幼兽。

【4】夔：山林中的精怪。

【5】蝄蜽（wǎng liǎng）：山川的精怪。

【6】罔象：水怪。

【7】羵（fén）羊：土中所生的精怪。按：本则后原注"《鲁语》"。

【译文】

鲁国大夫季桓子家里打井，得到一个像瓦罐的器皿，里面有一只幼兽。于是他派人问孔子："我打井挖出一只幼兽，是什么呢？"孔子回答说："据我所知，应该是羊。我听说山林中的精怪叫夔、蝄蜽，水中的精怪叫龙、罔象，土中的精怪叫羵羊。"

公父文伯第六

1

公父文伯[1]朝[2]其母，其母方绩[3]。文伯曰："以歜之家而主犹绩，惧干季孙之怒也。其以歜为不能事主乎？"其母叹曰："鲁其亡乎？使童子备官[4]而未之闻邪！居，吾语汝：昔圣王之处民也，择瘠土而处之，劳其民而用之，故长王天下。夫民劳则思，思则善心生；逸则淫，淫则忘善，忘善则恶心生。沃土之民不材，淫也；瘠土之民莫不向义，劳也。是故天子大采[5]朝日，与三公九卿祖识[6]地德；日中考政，与百官之政事，师尹[7]惟旅、牧、相宣序[8]民事；少采[9]夕月，与大史、司载[10]纠虔天刑，而后即安。诸侯朝修天子之业命[11]，昼考其国职，夕省其典刑，夜儆百工，使无慆淫[12]，而后即安。卿大夫朝考其职，昼讲其庶政，夕序其业，夜庀[13]其家事，而后即安。士朝而受业，昼而讲贯[14]，夕而习复，夜而计过无憾，而后即安。自庶人以下，明而动，晦而休，无日以怠。王后亲织玄纮[15]，公侯之夫人加之以纮綖[16]，卿之内子为大带，命妇成祭服，列士之妻加之以朝服，自庶士以下皆衣其夫。社而赋事，烝而献功，男女效绩，愆则有辟，古之制也。君子劳心，小人劳力，先王之训也。自上以下，谁敢淫心舍力？今我寡也，尔又在下位，朝夕处事，犹恐忘先人之业。况有怠惰，其何以避辟[17]？吾冀而朝夕修我曰：'必无废先人。'尔今曰：'胡不自安？'以是承君之官，余惧穆伯之绝祀也！"仲尼闻之，曰："弟子志之，季氏之妇不淫矣！"

【注释】

【1】公父（fǔ）文伯：复姓公父（亦作公甫），名歜（chù），谥号文。春秋时期鲁国三桓季悼子之孙，公父穆伯之子。

【2】朝：早晨省亲，子、媳向父母、公婆请安。

【3】绩：把麻搓捻成线或绳。

【4】备官：充任官职。

【5】大采：古代天子祭日所穿的礼服。

【6】祖识：熟习知悉。

【7】师尹（yǐn）：各属官的首长。

【8】宣序：全面安排。

【9】少采：黼衣，绣有黑白斧形的礼服。

【10】司载：官名。负责考察天文。

【11】业命：国事与政令。

【12】慆（tāo）淫：放纵而无限度。

【13】庀（pǐ）：治理。

【14】讲贯：讲习，研习。

【15】玄纮（dǎn）：古代礼冠上系塞耳玉的丝带。

【16】纮綖（hóng yán）：古代冠冕上装饰的绳带。

【17】避辟：免受法律制裁。

【译文】

公父文伯向母亲请早安，他的母亲正在纺麻。文伯说："像我们这样的家庭，老夫人还要纺麻，恐怕会惹季康子生气。他会以为我公父文伯是不是不能侍奉好自己的母亲呢？"他的母亲叹息说："鲁国是要灭亡了吗？让你这样不懂事的孩子在朝廷做官，却竟然没有把做官的道理告诉你！坐下，我来告诉你：过去圣王治理百姓，总是挑选贫瘠的土地来安置他们，使百姓辛勤劳动，把土地耕种好，所以能长久地统治天下。百姓勤劳就会想到节俭，想到节俭就会产生善良的心思；安逸就会无节制，无节制就会忘记善行，忘记善行就会产生罪恶的心思。生活在肥沃土地上的百姓不成器，就是因为放纵；生活在贫瘠土地上的百姓无不向往仁义，就是因为勤劳。所以天子穿着隆重的礼服朝拜日神，和三公九卿一起识知土地上谷物的生长情况；中午要考查朝政的得失和百官公务状况，地方长官辅佐天子按次序全面地处理百姓的事务；天子还要穿黼衣祭祀月神，和太史、司载恭敬地观察上天显示的征兆，然后才能安寝。诸侯早上办理天子交代的任务和命令，白天核查自己的国内职责，傍晚检查法令的执行情况，夜间还要监督百官，使他们不敢懈怠，然后才能安寝。卿大夫早上检查自己的本职工作，白天讲习一般公事，傍晚检查经办的要务，夜间处理家内杂务，然后才能安寝。士人早上接受政务，白天讲习政事，傍晚复习，夜间反省自己一天的言行有没有过失，然后才能安寝。普通百姓以下，天亮就要劳动，天黑才能休息，没有一天可以偷懒。王后亲自编织玄纮，公侯夫人要加上纮綖，卿的妻子做大带，大夫的妻子做祭服，士的妻子此外还要做朝服，士以下即普通百姓的妻子都要为丈夫做衣服。社祭分配农务，烝祭贡献成果，男女各尽其力，过错就要惩戒，这是自古以来的制度。君子用心力操劳，百姓用体力操劳，这是先王的教导。从上到下，谁还敢放纵自己却舍不得出力呢？如今我成了寡妇，你的地位也不高，从早到晚就兢兢业业地工作，还生怕败坏了祖宗基业，如果还要懒惰，又怎么躲过罪责呢？我希望你每天早晚都提醒我说：'一定不能败坏先人的基业！'你现在却说：'为什么不享受安逸的生活？'以这样的态度来担任国君赋予你的官职，我真担心你的父亲穆伯要断绝后代啊！"孔子听说了这件事，说："学生们记住，季家的这个妇人可算是不贪图安逸的人了！"

2

季康子[1]欲以田赋，使冉有访诸仲尼。仲尼不对，私于冉有曰："求，来！汝不闻乎？先王制土[2]，籍田以力，而砥[3]其远近；赋里以入，而量其有无；任力以夫，而议其老幼。于是乎有鳏、寡、孤、疾，有军旅之出则征之，无则已。其岁，收田一井，出稷禾[4]、秉刍[5]、缶米[6]，不是过也。先王以为足。若子季孙欲其法也，则有周公之籍矣；若欲犯法，则苟而赋，又何访焉！"[7]

【注释】

【1】季康子：即季孙肥，春秋时期鲁国的正卿。季氏，名肥。谥号康。

【2】制土：按土地肥硗而列其等差。

【3】砥：平均。

【4】稯（zōng）禾：原注"六百四十斛也"。

【5】秉刍：原注"百六十斛"。

【6】缶米：原注"缶，庾也；十六斛"。

【7】按：本则后原注"并《鲁语》"。

【译文】

季康子打算按田亩征收田赋，派冉有征求孔子的意见。孔子不作正式答复，私下对冉有说："求，你过来！你没听说吗？先王按照土地的肥瘠分配土地，按照劳力的强弱征收田赋，而且根据土地的远近来对田赋加以调整；征收商税按照商人的利润收入，而且估量其财产的多少来对商税加以调整；分派劳役则按照各家男丁的数目，而且要照顾那些年老和年幼的男子。从此就有了鳏、寡、孤、疾的名称，有战事时才征召他们，无战事时就免除。有战事的这年，每一井田要出一稯粮、一秉禾草、一缶米，不超过这个标准。先王按照这样实施就足够用了。如果季康子想按法办，那已有周公的田赋法了；如果想不顾法规办事，就随意赋税好了，又何必来征求我的意见呢？"

3

子曰："黍可为酒,禾入水也。一贯三为王。推一合十为士。"[1]

【注释】

【1】按:本则后原注"许氏《说文》"。

【译文】

孔子说:"因为黍可以做酒,所以其字形取'禾入水'的意象。以一竖贯通代表天、地、人的三横,就是'王'字的意象。推断其一,从而综合其十,就是'士'字的意象。"

4

孔子读《易》,韦编三绝[1],铁擿[2]三折,漆书[3]三灭。序彖[4]、系象[5]、说卦[6]、文言[7],曰:"假我数年,若是,我于《易》则彬彬[8]矣。"

【注释】

【1】韦编三绝:因反复阅读,致使编联竹简的皮绳多次脱断。韦,熟皮。

【2】铁擿(zhì):铁针,用于编联竹简。

【3】漆书:用漆写在竹简上的文字。

【4】序彖(tuàn):整理卦名与卦辞。

【5】系象:排列连缀卦象。

【6】说卦：对卦进行解说。

【7】文言：修饰卦爻辞。

【8】彬彬：文质兼备。

【译文】

孔子研读《易经》，致使编联竹简的皮绳多次脱断，用于编联竹简的铁针多次折断，写在竹简上的漆书多次被磨灭。他整理卦名、排列卦象、解说卦辞、修饰卦文，感慨地说："如果能够再给我几年，那么我对《易经》的理解就会更加透彻了啊！"

5

夫子作《春秋》[1]，笔[2]则笔，削[3]则削，子夏之徒不能赞[4]一辞。弟子受《春秋》，子曰："后世知丘者以《春秋》，罪丘者亦以《春秋》。"

【注释】

【1】《春秋》：编年体史书，据传系孔子据鲁史修订而成。

【2】笔：记载。

【3】削：删除。

【4】赞：帮助，辅佐。

【译文】

孔子编纂《春秋》，该记载的就记载，该删除的就删除，子夏等学生一句话也未能帮助改动。学生们学习《春秋》，孔子说：

"后世的人理解我孔丘的是因为《春秋》，怪罪我孔丘的也是因为《春秋》。"

6

子曰："自吾得由，而恶言[1]不入于耳。"

【注释】

【1】恶言：无礼、辱骂人的话。

【译文】

孔子说："自从我有了仲由，那些恶意中伤的话再也传不到我的耳朵里了。"

7

子曰："神龟知吉凶，而骨直空枯。日为德而君于天下，辱于三足之乌。月为刑而相佐，见食于虾蟆[1]。蝟辱于鹊，腾蛇[2]之神而殆于即且[3]。竹外有节理，中直空虚；松柏为百木长，而守门闾。日辰不全，而有孤虚[4]。黄金有疵，白玉有瑕。事有所疾，亦有所徐。物有所拘，亦有所据。罔[5]有所数，亦有所疏。人有所贵，亦有所不如。何可而适乎？物安可全乎？"[6]

【注释】

【1】虾蟆（há ma）：即蛤蟆。

【2】腾蛇：飞蛇。亦作"螣蛇"。

【3】即且（jū）：即蝍蛆。似蝗，大腹，食蛇脑。

【4】孤虚：古代方术用语。即计日时，以十天干顺次与十二地支相配为一旬，剩下的两地支称之为"孤"，与孤相对的称为"虚"。古时常用以推算吉凶祸福及事之成败。

【5】罔：通"网"。

【6】按：本则后原注"并见《史记》"。

【译文】

孔子说："神龟能知道事情吉凶，但自己只有一副中空的骨架。太阳能普施恩德君临天下，却受三只脚乌鸦的欺侮。月亮能动用刑罚辅佐太阳，却被蛤蟆啃咬。刺猬被喜鹊欺辱，有神通的腾蛇却不是蝍蛆的对手。竹子外面有竹节和纹理，里面却是又直又空；松柏是百木之长，却被种在大门旁充当卫士。日期时辰也不能周全，所以有孤有虚。黄金有疵，白玉有瑕。事情有时进展快，有时进展慢。物品性能有局限，也有其专门擅长。网孔有时显得太细密，也有时显得太粗疏。人有超过他人之处，也有不如人的地方。怎么办才好呢？怎样做才全面周到呢？"

六艺第七

1

子曰："六艺[1]于治一也。《礼》以节人,《乐》以发和[2],《书》以道事,《诗》以达意,《易》以神化[3],《春秋》以道义。"

【注释】

【1】六艺:即《诗》《书》《礼》《乐》《易》《春秋》。

【2】发和:诱发和睦之心。

【3】神化:变化神妙。

【译文】

孔子说："六艺对于社会安定的作用是一致的。《礼经》用来节制人们的行为,《乐经》用来启发和谐的感情,《书经》用来叙述史事,《诗经》用来表达情思,《易经》用来演绎神妙的变化,《春秋》用来阐发微言大义。"

孔子迁于蔡三岁，吴伐陈。楚救陈，军于城父[1]。闻孔子在陈、蔡之间，楚使人聘孔子。孔子将往，陈、蔡之大夫谋曰："楚，大国也。孔子用于楚，则陈、蔡用事大夫危矣。"于是，相与发徒役[2]围孔子于野，不得行，绝粮，从者皆莫能兴[3]。孔子讲诵弦歌[4]不衰。子路愠见曰："君子亦有穷乎？"子曰："君子固穷[5]，小人穷斯滥矣。"子贡作色，子曰："赐，尔以予为多学而识之者与[6]？"曰："非与？"子曰："非也！予一以贯之。"孔子知弟子有愠心，乃召子路而问曰："《诗》云'匪兕[7]匪虎，率彼旷野[8]'，吾道非邪？吾何为于此？"子路曰："意者吾未仁邪？人之不我信也。意者吾未知邪？人之不我行也。"子曰："有是乎，由？譬使仁者而必信，安有伯夷、叔齐？使知者而必行，安有王子比干[9]？"子路出，子贡入见。子曰："《诗》云'匪兕匪虎，率彼旷野'，吾道非邪？吾何为于此？"子贡曰："夫子之道至大也，故天下莫能容夫子。夫子盍[10]少贬焉？"子曰："赐，良农能稼，而不能为穑；良工能巧，而不能为顺；君子能修其道，纲而纪之，统而理之，而不能为容。今尔不修尔道，而求为容。赐，而志不远矣！"子贡出，颜回入。子曰："《诗》云'匪兕匪虎，率彼旷野'，吾道非邪？吾何为于此？"颜回曰："夫子之道至大，故天下莫能容。虽然，夫子推而行之，不容何病？不容然后见君子。夫道之不修也，是吾丑[11]也；道已大修而不用，是有国者之丑也。不容何病？不容然后见君子！"子欣然而笑曰："有是哉！颜氏之子，使尔多财，吾为尔宰。"[12]

【注释】

【1】城父：春秋陈邑，即今安徽亳州市东南城父集。

【2】徒役：服役者。

【3】兴（xīng）：起来。

【4】弦歌：依和着琴瑟的声音来歌唱。

【5】固穷：甘于贫困，不失气节。

【6】与（yú）：同"欤"。文言助词，表示疑问、感叹、反诘等语气。

【7】兕（sì）：犀牛。

【8】匪兕匪虎，率彼旷野：句见《诗经·小雅·何草不黄》。

【9】比干（Bǐgān）：商代贵族，纣王叔父，官少师。相传因屡谏纣王，被剖心而死。

【10】盍（hé）：何故，为何。

【11】丑：可厌恶的，可耻的，不光荣的。

【12】按：本则后原注"并《史记》"。

【译文】

孔子迁居到蔡国三年，吴国攻打陈国。楚国援救陈国，驻兵城父。听说孔子在陈国和蔡国之间，楚国便派人去拜访孔子。孔子即将出发去楚国，陈国和蔡国的大夫商议说："楚国是个大国。如果孔子被楚国任用，那么陈国和蔡国当权的大夫就危险了。"于是他们就一同派遣服役人员在野外把孔子围困起来，使其无法动身，粮食也断绝了，随行的弟子都饿得站不起身。孔子给大家讲习诵读，演奏歌唱，没有停下来。子路生气地来拜见孔子说：

"君子也有这样走投无路的时候吗?"孔子说:"君子安于困境,小人遇到困境才会乱来。"子贡神情变得严肃,孔子说:"赐啊,你认为我是因为多学习才明白很多道理的吗?"子贡反问:"难道不是吗?"孔子说:"当然不是啊!是因为我把它们贯通起来成为一个系统了。"孔子知道弟子们心存怨恨,于是叫来子路问道:"《诗经》说'不是犀牛也不是老虎,那些征夫怎么会被派到空旷的原野中来呢',我们的学说有什么不对吗?我们为什么会落到这个地步?"子路说:"想来大概是我们还未达到仁吧,所以人家不信任我们;想来大概是我们还未达到智吧,所以人家不实行我们的学说。"孔子说:"是这样的吗,由?假如达到仁的人一定能受到信任,怎么会有伯夷、叔齐(被饿死)?假如达到智的人就一定能推行学说,怎么会有王子比干(被剖心)?"子路出去,子贡进来拜见。孔子说:"《诗经》说'不是犀牛也不是老虎,那些征夫怎么会被派到空旷的原野中来呢',我们的学说有什么不对吗?我们为什么会落到这个地步?"子贡说:"先生的学说极其博大,所以天下容不下先生。先生何不稍微降低一点标准呢?"孔子说:"赐啊,出色的农民能够种好地,却不能保证收成;出色的工匠能够展现巧妙的手艺,却不能处处合人心意;君子能够修明自己的学说,用法度来规范国家,用道统来治理人民,但不能保证被世道所容。如今你不注重修明自己的学说,却希望被世道所容。赐啊,你的志向不够远大啊!"子贡出去,颜回进来。孔子说:"《诗经》说'不是犀牛也不是老虎,那些征夫怎么会被派到空旷的原野中来呢',我们的学说有什么不对吗？我们为什么会落到这个地步？"颜回说："先生的学说极为博大，所以天下容不下。即便这样，先生对它加以推广，不被容纳怕什么？不被容纳却能显出君子的本色。如果我们不研修学说，这是我们的耻辱；我们已经大力研修学说却不被采用，这就是各国当权者的耻辱了。不被容纳怕什么？不被容纳却能显出君子的本色！"孔子听了高兴地笑着说："的确是这样的道理啊！颜家的好小子，假如你有很多财产，我就当你的管家。"

3

子曰："通国[1]皆人也。以道导之，则吾民也；不以道导之，则吾雠也。"

【注释】

【1】通国：整个国家。

【译文】

孔子说："整个国家到处都是人。用正义去引导他们，他们就会成为我们的人民；不用正义去引导他们，他们就会成为我们的仇敌。"

4

　　鲁哀公问政于孔子,孔子对曰:"政有使民富且寿。"哀公曰:"何谓也?"子曰:"薄赋敛[1],则民富。无事,则远罪;远罪,则民寿。"公曰:"若是,则国贫矣。"子曰:"《诗》云'岂弟[2]君子,民之父母[3]',未见子富而父母贫者也。"

【注释】

【1】赋敛:田赋,税收。

【2】岂弟(kǎitì):即"恺悌",和乐平易。

【3】按:句见《诗经·大雅·泂酌》。

【译文】

　　鲁哀公向孔子请教有关政事的问题,孔子回答说:"有条政策能让百姓富裕而且长寿。"哀公问:"说的是什么?"孔子说:"减轻税收,那么百姓就富裕了。没有变故,那么百姓就远离犯罪了;远离犯罪,那么百姓就长寿了。"哀公说:"要是这样,那国家就贫穷了。"孔子说:"《诗经》说'和乐平易的君子,是老百姓的父母官',没见过儿女富有而父母贫穷的。"

5

　　子曰:"良药[1]苦口利于病,忠言[2]逆耳利于行。故武王谔谔[3]而昌,纣嘿嘿[4]而亡。"

【注释】

【1】良药：很有疗效的好药材。

【2】忠言：忠诚正直、用以规谏他人的话。

【3】谔谔：直言无讳的样子。

【4】嘿嘿（mò mò）：即"默默"，不说话、不出声的样子。

【译文】

孔子说："效用好的药物味道非常苦，对治病却很有帮助；忠直的话很不好听，对做事却很有好处。所以周武王因为手下直言敢谏而兴旺，商纣王因为手下不敢作声而灭亡。"

6

谏有五：一曰正谏[1]，二曰降谏[2]，三曰忠谏[3]，四曰戆谏[4]，五曰讽谏[5]。孔子曰："吾其从讽谏矣乎！夫不谏则危君，固谏则危身；与其危君，宁危身。危身而终不用，则谏亦无功矣！"

【注释】

【1】正谏：直言规劝。

【2】降谏：和颜悦色、平心静气地进谏。

【3】忠谏：诚心劝谏。

【4】戆谏：刚直乃至愚直地极言。

【5】讽谏：以婉言隐语相劝谏。

【译文】

劝谏有五种：一是直言进谏，二是好言规劝，三是诚心劝谏，四是愚直极言，五是婉言相劝。孔子说："我还是应该选择婉言相劝吧！不进谏就会使君主的处境危险，死谏到底就会使自己的处境危险；与其使君主危险，宁可使自己危险。如果不怕自身危险而进谏却终究不被采纳，那么劝谏也就起不了实际作用了啊！"

7

子曰："非其地而树[1]之，不生也；非其人而语之，弗听也。得其人，如聚沙而雨之；非其人，如聚聋而鼓之。"

【注释】

【1】树：种植。

【译文】

孔子说："不是适宜生长的土地，不管种上什么也不能成活；不是合适的人，不管讲什么道理也不会听。遇到合适的人，你提的意见就会像雨下到沙堆上一样很容易被吸收；遇到不合适的人，你提意见就会像对着一群聋子打鼓。"

8

孔子观于周之太庙，有金人[1]焉，三缄其口[2]，而铭其背曰："古之谨言[3]人也。戒之哉！戒之哉！无多言，多言多败；无多事，多事多害。安乐必戒，无行所悔。勿谓何伤，其祸将长；勿谓何害，其祸将大；勿谓何残，其祸将然[4]；勿谓莫闻，神将伺人。荧荧不灭，炎炎奈何？涓涓不壅，将成江河；绵绵不绝，将成网罗；青青不伐，将寻斧柯。诚不能谨，祸之根也；口是何伤？祸之门也。强梁[5]者不得其死，好胜者必遇其敌。君子知天下之不可盖也，故后之下之，使人慕之，执雌[6]持下，莫能与争。人皆趋彼，我独守此；众人惑惑，我独不从。内藏我知，不与人论技；我虽尊高，人莫害我。夫江河长百谷者，以其卑下也。天道无亲，常与善人。戒之哉！戒之哉！"孔子顾谓弟子曰："识之！此言虽鄙，而中事情[7]。"

【注释】

【1】金人：铜铸的人像。

【2】三缄（jiān）其口：在其嘴上贴了三张封条。

【3】谨言：说话小心谨慎。

【4】然："燃"的本字，引申为蔓延。

【5】强梁：强横凶暴。

【6】执雌：保持柔顺之德。

【7】事情：处事的道理及人情世故。

【译文】

孔子参观周天子的祖庙，里面有个铜铸的人像，嘴上被贴了三张封条，背上则有铭文，说："这是古代说话特别小心谨慎的人。要引以为戒啊！要引以为戒啊！不要多话，多说话多坏事；不要多事，多事多祸害。安乐时一定要警戒，不要去做让自己后悔的事。不要说没什么伤害，它的灾祸将长久存在；不要说没什么害处，它的灾祸大得恐怖；不要说没什么摧残，它的灾祸将要蔓延；不要说没有谁听闻，天神时刻窥伺着人。星星之火不扑灭，熊熊燃烧又能把它怎么样？涓涓细流不堵塞，将会汇成大江河；绵绵丝线不剪断，将会合成大网罗；青青小树不砍伐，将来要找大斧柯。如果不能谨慎行事，将会成为灾祸的根源；嘴巴带来什么伤害？它是招致灾祸的门径。强横的人不得好死，好胜的人必有敌手。君子知道不可能胜过全天下的人，所以甘心处在众人之后与众人之下，使人敬慕，坚守在柔弱低下的地位，谁也不能和他相争。人们都往那边去，我却独守这里；人们都迷惑狐疑，我却不肯盲从。内心深藏自己所知道的，不与人比较技能高低；我的地位再尊贵，也没有人能损害。大江大河能成为众多溪流的尊长，就是因为地处低下；上天行事不分亲疏，却常护佑好人。要引以为戒啊！要引以为戒啊！"孔子回头对学生们说："记住这些话！这些话虽然浅陋，但切合处事的道理及人情世故。"

9

子曰："不知其子，视其所友；不知其君，视其所使。与善人居，如入芝兰[1]之室，久而不闻其香，与之俱化矣；与不善人居，如入鲍鱼之肆[2]，久而不闻其臭，亦与之化矣。故君子谨所与。"[3]

【注释】

【1】芝兰：香蒲和兰花，都是香草名。

【2】鲍鱼之肆：卖咸鱼的店铺。鱼常腐臭。

【3】按：本则后原注"并见《说苑》"。

【译文】

孔子说："不了解某个人，就看他结交什么朋友；不了解某个君主，就看他使用什么人。和好人相处，就像进入有香蒲和兰花的房间，时间长了闻不到里面的香气，因为被它同化了；与不好的人相处，就像进入卖咸鱼的店铺，时间长了闻不到里面的臭气，因为也被它同化了。所以君子要谨慎自己的交往。"

依贤第八

1

子曰："依贤，固不困；依富，固不贫。马蚿[1]斩而复行者，辅足众也。"[2]

【注释】

【1】马蚿（xián）：即"马陆"，一种节肢动物，有很多对腿，俗名"百足虫"。

【2】按：本则后原注"《说苑》"。

【译文】

孔子说："亲近贤能的人，自然不会困窘；亲近富有的人，自然不会贫穷。马蚿被斩断还能爬行的原因，就在于辅助的脚很多。"

2

子曰："夫富而能富人者，欲贫不可得也；贵而能贵人者，欲贱不可得也；达[1]而能达人者，欲穷[2]不可得也。"

【注释】

【1】达：显要通达。

【2】穷：不得志，不显贵。与"达"相对。

【译文】

孔子说："自己富有而又能让别人富有的人，想贫穷是不可能的；自己高贵而又能让别人高贵的人，想卑贱是不可能的；自己显达而又能让别人显达的人，想穷困是不可能的。

3

子曰："士有五：有埶[1]尊贵者，有家富厚者，有资[2]勇悍者，有心智慧者，有貌美好者。埶尊贵者，不以爱民行义理，而反以暴傲陵物[3]；家富厚者，不以赈穷救不足，而反以侈靡无度；资勇悍者，不以卫上攻战，而反以侵陵私斗；心智慧者，不以端计数，而反以事奸饰诈；貌美好者，不以统朝莅官[4]，而反以蛊女从欲。此五者，所谓丧其美质[5]者也。"[6]

【注释】

【1】埶（shì）：同"势"。权力，威力。

【2】资：天赋，天资。

【3】陵物：藐视人，看不起人。

【4】莅（lì）官：到任。

【5】美质：美好的本质。

【6】按：本则后原注"并《韩诗外传》"。

【译文】

孔子说："士人有五种类型：有权势尊贵的人，有家境富裕的人，有本性勇敢的人，有天资聪颖的人，有容貌美好的人。权势尊贵的人，不利用自己的地位去爱护百姓、推行公理，反而用它暴戾傲慢、欺压百姓；家境富裕的人，不利用自己的财富去救济处于困境和贫穷的人，反而用它来过奢侈糜烂、没有节制的生活；本性勇敢的人，不利用自己的勇敢去保卫国君、克敌制胜，反而用它来欺负弱小、逞强斗狠；天资聪颖的人，不利用自己的端方去彰显天命，反而用它来侍奉奸恶、粉饰伪诈；容貌美好的人，不利用自己的威仪去统领朝官、任职抚民，反而用它来诱惑女子、放纵欲望。这五种人，就是所说的士人中丧失了美好禀赋的人。"

4

孔子谓宓子贱曰："子治单父而众说，语丘以其故。"曰："不齐父其父，子其子，恤诸孤而哀丧纪[1]。"孔子曰："善小节[2]也，小民[3]附矣。犹未也。"曰："不齐也所父事者三人，所兄事者五人，所友者十一人。"孔子曰："父事三人，可以教孝矣；兄事五人，可以教悌矣；友十一人，可以教学矣。中节^[4]也，中民^[5]附矣。犹未足也。”曰："此地有贤于不齐者五人，不齐事之，皆教不齐以治之之术。”孔子曰："其大者，乃于此在矣！"

【注释】

【1】丧纪：丧事。

【2】小节：细微琐碎的事情或行为。

【3】小民：平民百姓。

【4】中节：中等的节操。

【5】中民：中等阶层的人。

【译文】

孔子对宓子贱说："你治理单父得到众人的称赞，把其中的原因告诉我。”宓子贱说："我像对待自己父亲一样对待百姓的父亲，像对待自己的儿子一样对待百姓的儿子，抚恤所有的孤儿并为百姓的丧事感到哀痛。”孔子说："这只是善于处理小方面的事情，能使平民亲附，还不行。”宓子贱说："我像对待父亲一样侍奉的有三人，像对待兄长一样侍奉的有五人，结交的朋友有十一人。”孔子说："像对待父亲一样侍奉的有三人，能够用来教育人们孝敬父母；像对待兄长一样侍奉的有五人，能够用来教育人们敬爱兄长；结交的朋友有十一人，可以用来教育人们相互学习。这是中等的节操，中等阶层的人会亲近依附，但还不够。”宓子贱说："这个地方有比我贤明的五人，我服侍他们，他们都

教给我治理地方的方法。"孔子说:"最紧要的事情就是在这方

面了。"

5

子曰:"回,若[1]有君子之道四:强于行己[2],弱于受谏,

怵于待禄,慎于持身[3]。"

【注释】

【1】若:你。

【2】行己:立身行事。

【3】持身:修治其身。

【译文】

孔子说:"颜回,你有君子的四种品行:对自己行事很严格,

对别人的劝谏很顺服,对得到的俸禄很惶恐,对修治自身很谨慎。"

6

子曰:"自季孙之赐我千钟[1],而友益亲;自南宫项叔[2]

之乘我车也,而道加行。故道有时而后重,有势而后行。微[3]二子,

丘之道几于废也。"

【注释】

【1】千钟：极言粮食多。钟为古代容量单位，春秋时期合六斛四斗。

【2】南宫项叔：《孔子家语》作"南宫敬叔"。孔子弟子，复姓南宫，名说，字叔，谥号敬，春秋末年鲁国人。

【3】微：非，不是。

【译文】

孔子说："自从季孙氏赏给我千钟粮食，朋友更加亲近；自从南宫项叔送车给我乘坐，我的主张就能够加快实行。所以一种主张要遇上好时机然后才会被重视，有了好势头然后才能实行。没有这两个人，我的学说几乎废弃了。"

7

子路问曰："君子亦有忧乎？"孔子曰："无也。君子修其身，未得，则乐其意；已得，又乐其知[1]。是以有终身之乐，无一日之忧。小人则不然，未得之也，则忧不得；既得之，又恐失之。是以有终身之忧，无一日之乐。"

【注释】

【1】乐其知：《荀子·子道》作"乐其治"。译文从之。

【译文】

子路问道："君子也有忧愁吗？"孔子说："没有。君子修养自己的身心，尚未得到名位，就为实践自己的意愿而高兴；已经得到名位，就为自己能实现治理而高兴。因此有终身的快乐，没有一天感到忧愁。小人就不是这样，尚未得到名位，就忧愁得不到；已经得到名位，又恐怕会失去。因此有终身的忧愁，没有一天会感到快乐。"

8

孔子曰："丘死之后，商也日益[1]，赐也日损[2]。商也好与贤己者处，赐也好说[3]不如己者。"

【注释】

【1】日益：一天比一天有所增益。

【2】损：减少。与"益"相对。

【3】好说：同"好悦"，喜好。

【译文】

孔子说："我死之后，卜商会一天比一天有所进步，端木赐会一天比一天有所退步。卜商喜欢和比自己贤能的人在一起，端木赐喜欢不如自己的人。"

孔子曰："鞭朴[1]之子不从父之教，刑戮[2]之民不从君之政。言疾之难行，故君子不急断，不意使，以为乱源[3]。"

【注释】

【1】鞭朴：即"鞭扑"，用鞭子责打的刑罚。

【2】刑戮：刑罚或处死。

【3】乱源：祸乱的根源。

【译文】

孔子说："棍棒下长大的孩子，往往不听从父亲的管教；严刑峻法下的百姓，往往不顺从君主的政令。操之过急行不通，所以君子不急于决断，不随意驱使百姓，他们认为那是造成祸乱的根源。"

10

子曰："以富贵为人下者，何人不与[1]？以富贵敬爱人者，何人不亲爱？众言不逆[2]，可谓知言[3]矣；众向之，可谓知时矣。"

【注释】

【1】与：交往，友好。

【2】逆：抵触，不顺从。

【3】知言：善于辨析他人的言辞。

【译文】

孔子说："凭着富贵却甘居人下的人，还有什么人不和他结交？凭着富贵却敬爱别人的人，还有什么人不亲近爱戴他？不违背众人的言论，可算是善于辨析他人之言辞了；众人趋向他，可算是懂得时宜了。"

11

孔子曰："船非水不可行，水入船中则没[1]矣。故君子不可不严也，小人不可不闲[2]也。"

【注释】

【1】没：沉没。

【2】闲：防御。

【译文】

孔子说："船没有水就不能航行，水大量进入船中船就会沉没。所以君子不可不严格，对小人不可不有所防备。"

12

孔子曰："贞[1]以干之，敬以辅之，待人无倦。见君子，则举之；见小人，则退之。去尔恶心，而忠与之。敏其行而修其礼，千里之外亲若兄弟；若行不敏礼不合，则对门不通矣。"[2]

【注释】

【1】贞：借为"正"，端方正直。

【2】按：本则后原注"并《说苑》"。

【译文】

孔子说："用正直的态度办好事情，用恭敬的态度辅佐君主，待人不要厌倦。发现君子，就推举他；发现小人，就斥退他。去掉你邪恶的念头，忠实地与人共事。勤勉做事，研习礼仪，千里之外的人也会亲如兄弟；如果做事不能勤勉，待人不合礼仪，那么住在对面也不可能心意相通。"

漆雕氏第九

1

孔子曰："漆雕氏之子[1]，君子哉！其善人之美也，隐而显；言人之恶也，微而著。故智不能及，明不能见也。得无数卜乎？"

【注释】

【1】漆雕氏之子：漆雕家的儿子。孔子弟子，复姓漆雕，名凭，字马人，春秋末年蔡国人。

【译文】

孔子说："这个漆雕家的小子，真是个君子啊！他夸别人的好处，含蓄而又明显；他说别人的过错，微妙而又显著。所以他的智慧别人赶不上，他的聪明别人看不透。能不多次揣摩吗？"

2

孔子卦得贲[1]，喟然而叹。子张进而问曰："师闻贲吉卦，而叹之乎？"孔子曰："贲，非正色[2]也，是以叹之。吾思夫质素，白当正白，黑当正黑，夫质文何也？吾闻丹漆[3]不文，白玉不雕，宝珠不饰，何也？质有余者不受饰也。"

【注释】

【1】贲：卦名。六十四卦之第二十二卦。离（☲）下艮（☶）上，为小利于远行之象。

【2】正色：纯正的颜色。

【3】丹漆：朱红色的漆。

【译文】

孔子占卜得到贲卦，发出长长地叹息。子张上前提问道："我听说'贲'是吉利的卦象，先生为什么却要叹息呢？"孔子说："贲，表示不是纯正的颜色，因此我才叹息。我想那本质如果是素洁的，白色应当纯白，黑色应当纯黑，其本质为什么要加以文饰呢？我听说红漆不用文饰，白玉不用雕琢，宝珠不用装点，为什么呢？因为本质优秀的不接受任何修饰。"

3

鲁有俭者，瓦鬲[1]煮食，食之而美，盛以土锅[2]之器以进孔子。孔子受之，欢然如受大牢[3]之馈。弟子曰："瓦甂[4]，酒器也；

煮食，薄膳也。而先生何喜如此乎？"孔子曰："吾闻好谏者思

其君，食美者思其亲。吾非以馈为厚也，以其食美而思我亲也。"

【注释】

【1】瓦鬲（lì）：古代陶制的炊器。三袋状足，用于煮食物。

【2】土瓴（fǒu）：即土缶。一种瓦器。圆腹小口有盖，用

以汲水或盛流质，也可用作打击乐器。

【3】大（tài）牢：即太牢。古代祭祀天地，以牛、羊、猪

三牲具备为太牢，以示尊崇之意。

【4】瓦甂（biān）：古代陶制的扁形盆类器物。

【译文】

鲁国有个节俭的人，用陶鬲煮食物，吃起来觉得味道很好，

就用土瓴盛着进献给孔子。孔子接受了食物，非常高兴，就像接

受了太牢一样盛大的馈赠。他的学生说："瓦盆，其实是放酒的

器具；这些煮出的食物，只是普通的膳食。然而先生为什么要高

兴成这样呢？"孔子说："我听说喜欢进谏的人总是想着他的君主，

吃到美味的人总是想着他的父母。我不是觉得这些馈赠很丰厚，

而是因为他吃到美味能够想到我。"

4

孔子曰："无体之礼，敬也；无服之丧，忧也；无声之乐，欢也。

不言而信，不怒而威，不施而仁，志也。钟鼓之声，怒而击之则

武，忧而击之则悲，喜而击之则乐，其志变，其声亦变。至诚[1]通乎金石[2]，而况人乎？"

【注释】

【1】至诚：极为诚恳；诚心诚意。

【2】金石：金属和石头。

【译文】

孔子说："没有形体动作的礼节，是内心的恭敬；没有穿戴孝服的丧礼，是内心的忧伤；没有发出声音的快乐，是内心的欢畅。不用说话就有信用，不用发怒就有威严，不用施舍就有仁爱，是内心的意志。钟鼓的声音，发怒时敲打就会显得威武，忧伤时敲打就会显得悲哀，高兴时敲打就会显得喜庆，敲打的人内心意志改变了，它的声音也会随着改变。极致的诚心能够与金属、石头相通，何况是有血有肉的人呢？"

5

子路治蒲[1]，见孔子曰："愿受教！"子曰："蒲多壮士[2]，难治也。吾语汝：恭以敬，可以慑勇；宽以正，可以容众[3]；恭以洁，可以亲上。"

【注释】

【1】蒲：地名。春秋时称蒲邑，卫国属地，在今河南长垣境内。

【2】壮士：勇士，豪壮而勇敢的人。全句有民风剽悍之意。

【3】容众：心怀宽广，能与各种人交往。

【译文】

子路治理蒲邑，拜见孔子说："我希望接受先生的教诲！"

孔子说："蒲邑有很多勇士，很难治理。我告诉你：恭敬有礼，就能震慑勇士；宽缓公正，就能被民众接纳；谨慎廉洁，就能亲近上司。"

6

子贡为信阳[1]令，辞孔子而行。孔子曰："力之，顺[2]之。因天之时，无夺无伐，无暴无盗。"子贡曰："君子固有盗乎？"孔子曰："夫以不贤伐贤，是谓夺；以贤伐不肖，是谓伐；缓其令，急其诛，是谓暴；取人之善，为己之善，是谓盗。君子之盗，岂必当财币乎？吾闻之，知为吏者，奉法利民；不知为吏者，枉法害民。皆怨之所由生也。临官莫如平，临财莫如廉。廉平之守，不可攻也。匿人之善，是蔽贤也；扬人之恶，是小人也。不内相教而外相谤者，是不足亲也。言人之善者，有所得，无所伤；言人之恶者，无所得，有所伤。故君子慎言语，毋先己而后人。择言出之，令口如耳。"

【注释】

【1】信阳：地名。春秋时楚邑，故城在今河南信阳南。

【2】顺（shèn）：通"慎"。小心，当心。

【译文】

子贡担任信阳令，辞别孔子要去上任。孔子说："努力，谨慎。顺应天时，不要夺不要伐，不要暴不要盗。"子贡说："君子也会有盗窃的行为吗？"孔子说："不贤的人攻击贤人，这就叫'夺'；贤人讨伐不成器的人，这就叫'伐'；政令松弛，诛杀严厉，这就叫'暴'；拿别人做的好事，作为自己做的好事，这就叫'盗'。君子的盗窃，难道一定在于财物吗？我听说，善于做官的人，奉公守法利于民生；不善于做官的人，歪曲政令侵害百姓。这都是民怨产生的根源。面对政务没有什么比得上公平，面对财物没有什么比得上廉洁。廉洁、公平的操守，是不能被攻克的。隐蔽别人的优点，就是蔽贤；宣扬别人的缺点，就是小人。私下里不教导，却在外面诽谤，这种人是不值得亲近的。宣扬别人的优点，会有所获得而不会有所损失；宣扬别人的缺点，不会有所获得而会有所损失。所以君子说话要谨慎，不要自己先说却让别人后说。说什么话要经过考虑和选择，使嘴巴说的和耳朵听到的一致。"

7

齐景公[1]问孔子曰："秦穆公[2]国小处僻而霸，何也？"对曰："国小而志大，处僻而政中。其举果，其谋和，其令不偷。亲举五羖大夫[3]于系缧[4]之中，与之语三日，而授之以政。以此取之，虽王可也，霸则小矣。"

【注释】

【1】齐景公：姜姓，吕氏，名杵臼，春秋时期齐国君主。

【2】秦穆公：嬴姓，赵氏，名任好，春秋时期秦国君主。

【3】五羖（gǔ）大夫：即百里奚。原为虞国大夫，落难后，系秦穆公用五张黑色公羊皮自楚国赎回，故称。

【4】系缧（léi）：拘缚。借指囚禁，监狱。

【译文】

齐景公问孔子："秦穆公国家小，地处偏僻，却能成为霸主，这是为什么呢？"孔子回答说："国家虽然小，志向却很大；地理虽然偏，政治却适中。他的行动很果断，他的方法很和谐，他的政令不随意。他亲自将百里奚从别国监狱中解救出来，和百里奚谈论了三天，就把国政交给百里奚办理。从这些事例看来，他即便要完成王业也是可能的，称霸已经算是小成就了。"

8

子路为蒲令，备水灾，与民春修沟渎[1]，故予民一箪[2]食壶浆。孔子闻之，使子贡覆[3]之。子路不说，往见夫子曰："由也以暴雨将至，恐有水灾，故与民修沟渎以避之。而民多匮[4]于食，故与人箪食壶浆。而夫子使赐止之，是夫子止由之行化也！"子曰："尔以民饿，何不告君发廪[5]以给之？而尔以私馈之，是汝不明君之惠而见汝之德也。速已可矣，否则尔之受罪不久矣。"子路心服而退。[6]

【1】沟渎：沟渠，水道。

【2】箪（dān）：古代盛饭的圆竹器。

【3】覆：倒掉。

【4】匮（kuì）：缺乏。

【5】廪（lǐn）：粮仓。

【6】按：本则后原注"并见《说苑》"。

【译文】

　　子路担任蒲邑令，为了防备水灾，让百姓在春季里修整沟渠，并因此发给每个人一箪饭和一壶饮品。孔子听说了这件事，便派子贡前去倒掉这些饮食。子路很不高兴，就前去拜见孔子说："我因为暴雨将要来临，怕有水灾，所以让民众修整沟渠加以防备。但民众大多缺乏食物，所以给他们一箪饭和一壶饮品。然而先生却派端木赐来制止这件事，先生这是阻止我施行感化啊！"孔子说："你认为民众挨饿，为什么不禀告国君开仓放粮给他们呢？而你却把自己私人的食物送给他们，这是你不彰显国君的恩惠，反而要显示自己的恩德。马上停止还好，否则你受到责罚的日子就不远了。"子路心悦诚服地告退了。

楚昭王第十

1

楚昭王[1]渡江，有物大如斗，直触王舟中。昭王怪之，使聘问[2]孔子。子曰："此名萍实[3]，吉祥也。惟霸者能获之。"其后，齐有飞鸟一足来下，止于殿前，舒翼而跳。齐侯怪之，使聘问孔子。子曰："此名商羊[4]也。急治沟渠，天将大雨。"于是诸国皆被水[5]，齐国独以安。孔子归，弟子问焉。子曰："异时儿童之谣曰'楚王渡江，得萍实。大如斗，赤如日。剖而食之，甜如蜜'，此楚之应也；儿有两两相携，屈一足而跳者，曰'天将大雨，商羊起舞'，今齐见之，亦其应也。"夫谣未尝不相应也，圣人非独守道而已。

【注释】

【1】楚昭王：芈（MǏ）姓，熊氏，名壬，又名轸，春秋时期楚国君主。

【2】聘问：古代诸侯间互派使者作友好访问。这里是拜访

请教的意思。

【3】萍实：萍蓬草的果实。

【4】商羊：传说中的鸟名。据云，大雨前，常屈一足起舞。

【5】被水：遭水灾。

【译文】

楚昭王渡长江，有个东西像量粮食的斗一样大，直接撞上他的船。昭王感到很奇怪，就派人请教孔子。孔子说："这东西名叫萍实，预示着吉祥。只有称霸的国君才能得到它。"后来，齐国有单只脚的鸟从天上飞下来，停在官殿前，张开翅膀跳跃。齐侯感到很奇怪，就派人请教孔子。孔子说："这鸟名叫商羊。要赶快修整沟渠，因为它预示着天将下大雨。"于是各诸侯国都因为大雨而遭受水灾，只有齐国平安无事。孔子回来，弟子们都来请教。孔子说："以前儿童有歌谣唱'楚王渡江得萍实，大如斗，赤如日，剖而食之甜如蜜'，这是在楚国应验了；小孩子有两两相牵，弯曲一只脚跳着唱'天将大雨，商羊起舞'，如今在齐国见到的这种情况，也是它的应验。"这些童谣从来没有不应验的，因此圣人并不是只坚守正道就可以的。

2

子曰："以容取人，失之子羽[1]；以言取人，失之宰予[2]。澹台子羽，君子之容也，与之久处而言不充其貌；宰予之辞，雅而文也，与之久处而智不充其辩。"

【注释】

【1】子羽：孔子弟子，复姓澹台，名灭明，字子羽，春秋末年鲁国武城人。比孔子小三十九岁。

【2】宰予：孔子弟子，姓宰，名予，字子我，春秋末年鲁国人。比孔子小二十九岁。在孔门"十哲"中以言语著名。

【译文】

孔子说："根据外貌来衡量人，在子羽身上便出了差错；根据说话来衡量人，在宰予身上便出了差错。澹台子羽，有君子的容貌，但跟他相处久了才知道他说的话与他的容貌并不相称；宰予的口才辞令，温文典雅，但跟他相处久了才知道他的智慧不足以辅助他的辩才。"

3

子贡问曰："今之人臣孰贤？"子曰："齐有鲍叔[1]，郑有子皮[2]，贤者也。"子贡曰："然则齐无管仲[3]，郑无子产[4]乎？"子曰："赐，女[5]知其一，而不知其二。女闻进贤[6]为贤邪？用力为贤邪？"子贡曰："进贤为贤。"子曰："然。吾闻鲍叔之进管仲也，闻子皮之进子产也，未闻管仲、子产之有所进也。"

【注释】

【1】鲍叔：即鲍叔牙，春秋时齐国大夫。

【2】子皮：春秋时郑国上卿，姬姓，罕氏，名虎，字子皮。

【3】管仲：春秋时期齐国名相，姬姓，管氏，名夷吾，字仲。

【4】子产：春秋时期郑国贤相，姬姓，公孙氏，名侨，字子产。

【5】女（rǔ）：同"汝"，你。

【6】进贤：荐举贤能的人。

【译文】

子贡问道："如今的臣子谁称得上有贤德？"孔子说："齐国有鲍叔牙，郑国有子皮，都是贤人。"子贡说："那么齐国就不算管仲，郑国就不算子产吗？"孔子说："赐啊，你只知其一，却不知其二。你听说是推荐贤人为贤呢，还是自己尽力为贤呢？"子贡说："推荐贤人为贤。"孔子说："对。我听说了鲍叔牙推荐管仲，听说了子皮推荐子产，却没听说过管仲、子产推荐过什么贤人啊。"

4

介子推[1]年十五为荆[2]相，仲尼闻之，使弟子往视焉。还曰："庭下有二十五进士[3]，堂上有二十五老人[4]。"仲尼曰："合二十五人之智，智于汤武；并二十五人之力，力于彭祖[5]。以治其国，有不济乎？"

【注释】

【1】介子推：人名。有考证以为应作"荆公子"。

【2】荆：中国古代"九州"之一，春秋时楚国别称。

【3】进士：此处指荐举选拔出来的士人。

【4】老人：此处指德高望重的老年人。

【5】彭祖：姓篯，名铿，传说为颛顼玄孙陆终氏第三子，终年八百岁。

【译文】

介子推十五岁担任楚国宰相，孔子听说这件事，就派学生去考察。学生回来说："他的庭院中有二十五个荐举选拔的士人，厅堂上有二十五个德高望重的老者。"孔子说："集中二十五个人的智慧，智慧就胜过商汤和周武王；集中二十五个人的力量，力量就胜过彭祖。以此来治理国家，还有什么做不到呢？"

5

子贡曰："君子见大川必观焉，何也？"孔子曰："夫水者，君子比德焉：遍与之而无私，似德；所及者生，所不及者死，似仁；其流行卑下，皆循其理，似义；浅者流行，深者不测，似智；其赴百仞之谷不疑，似勇；绵弱而微达，似察；受恶不让，似包；蒙不清以入，鲜洁以出，似善；至量必平，似正；盈不求概[1]，似度；万折必东，似意。是以君子见大水必观焉尔也！"[2]

【注释】

【1】概：量粮食时用来刮平斗斛的器具。此处用作动词，

意为刮平。

【2】按：本则后原注"并《说苑》"。

【译文】

子贡说："君子遇到大江河一定要去观赏，这是为什么呢？"

孔子说："水，君子用来比喻人的品德：普遍给予而没有偏私，就像德行；所到之处便生机勃勃，不到之处便死气沉沉，就像仁爱；流向低处，都遵循规律，就像公义；浅的部分在流动，深的部分不可探测，就像智慧；它奔泻于万丈深渊而毫不迟疑，就像勇敢；生性柔弱而无微不至，就像明察；接纳污秽而不拒绝，就像包容；容许不清洁的进入，又把新鲜洁净的输出，就像善良；进入量器必定持平，就像公正；盈满而无须刮平，就像法度；曲折万端而终究必然向东流去，就像意志。所以君子遇到大江河一定要去观赏啊！"

子出卫第十一

1

子出卫东门，逢姑布子卿[1]。子卿迎而谓子贡曰："是为鲁孔丘与？得尧之颡[2]、舜之目、禹之颈、皋陶之喙[3]。从前视之，盎盎乎似有土者；从后视之，高肩弱脊，循循固得之。转要[4]下四寸，此唯不及四圣者也。"子贡曰："吁！"子卿曰："子何患焉？污面而不恶，葭[5]喙而不藉，嬴乎若丧家之狗。子何患焉？"子贡以告。子无辞，而独辞丧家之狗，曰："丘何敢乎？赐，汝不见丧家之狗与？既敛而椁，布器而祭，顾望无人。意欲施之，今上无明王，下无贤方伯[6]，王道衰，政教失，强凌弱，众暴寡，百姓纵心，莫之纪纲。是故以丘为欲当之者也。丘何敢乎哉！"[7]

【注释】

【1】姑布子卿：人名。春秋时期著名相者，复姓姑布。

【2】颡：额头。

【3】喙：嘴巴。

【4】要（yāo）：同"腰"。

【5】豭：同"猳"，公猪。

【6】方伯：古代诸侯中的领袖之称，谓一方之长。后泛称地方长官。

【7】按：本则后原注"《韩诗外传》"。

【译文】

孔子一行出了卫国都城的东门，遇见姑布子卿。子卿迎上来对子贡说："这位是鲁国的孔丘吗？看起来额头长得像尧，眼睛长得像舜，脖子长得像禹，嘴巴长得像皋陶。从前面看他，俨然像个拥有自己领地的君主；从后面看他，高肩膀，弱脊背，依次才能见到。再看腰下四寸的地方，这是唯一比不上那四位圣人之处。"子贡说："唉！"子卿说："孔先生怕什么呢？面黑而不显得丑恶，嘴长却又很自然，但瘦弱得像是无家可归的野狗。孔先生怕什么呢？"子贡把这些告诉了孔子。孔子其他的都没有不接受，唯独不接受"丧家之狗"的说法，说："我怎么敢当呢？赐啊，你难道没见过无家可归的野狗吗？主人死了以后入殓停棺，陈设器皿进行祭祀，狗四处顾盼却没了主人。我想有所作为，但如今上面没有贤明的天子，下面没有贤能的诸侯，王道衰微，政教失灵，强者欺弱，众者辱寡，百姓放纵，没有人治理。所以他以为我是想当'丧家狗'的人啊。但我怎么敢当呢！"

子贡曰："叶公问政于夫子，子曰'政在于附近而来远'；鲁哀公问政，子曰'政在于论臣[1]'；齐景公问政，子曰'政在于节用'。三君问政，夫子应之不同，然则政有异乎？"子曰："荆之地广而都狭，民有离志焉，故曰'在于附近而来远'；哀公有臣三人，内比周[2]以惑其君，外障距[3]诸侯宾客以蔽其明，故曰'政在论臣'；齐景公奢于台榭，淫于苑囿[4]，五官[5]之乐不解[6]，一旦而赐人百乘之家[7]者三，故曰'政在节用'。"

【注释】

【1】论臣：考核讨论以选用大臣。

【2】比周：结党营私。

【3】障距：阻塞，隔绝。

【4】苑囿（yuàn yòu）：具有生产、游赏等功能的帝王专属领地。

【5】五官：此处指后宫女乐。

【6】解（xiè）：同"懈"，松懈。

【7】百乘（shèng）之家：周时大夫有地方十里，兵车百辆，故称卿大夫为"百乘之家"。

【译文】

子贡说："叶公向先生请教如何理政，先生说'政务关键在于使近处的人亲附、远处的人归顺'；鲁哀公请教如何理政，先生说'政务关键在于选用大臣'；齐景公请教如何理政，先生说'政

5

子曰："古之刑者省之，今之刑者繁之。古者有礼然后有刑，是以刑省也；今也反是[1]，无礼而齐之以刑，是以繁也。"

【注释】

【1】反是：与此相反。

【译文】

孔子说："古代制定的刑法尽量简要，如今制定的刑法非常烦琐。古代先有礼仪后有刑法，因此刑法内容简省；如今与之相反，没有礼仪而只用刑法整治，所以内容非常烦琐。"

6

子如卫，人谓曰："公甫[1]不能听狱[2]。"子曰："非公甫不能听狱也。有罪者惧，无罪者耻，民近礼矣。"

【注释】

【1】公甫：鲁国大夫。

【2】听狱：审理诉讼。

【译文】

孔子到卫国去，有人告诉他说："公甫不善于审理案件。"

孔子说："不是公甫不善于审理案件。他办案的时候，有罪的人很害怕，没罪的人以犯法为耻辱，百姓接近懂礼仪了。"

7

子曰："听讼[1]者虽得其情，必哀矜[2]之。死者不可复生，断者不可复续也。"

【注释】

【1】听讼：审理诉讼案件。

【2】哀矜：哀怜，体恤。

【译文】

孔子说："审案的官员即便已经清楚犯罪的真相，必定还要对罪犯加以体恤。因为人死不可复生，行刑砍断的手脚也不可能重新接上去。"

8

子曰："吴越之俗，男女同川而浴。其刑重而不胜[1]，由无礼也。中国[2]之教，内外[3]有别，男女不同椸架[4]，不同巾栉[5]。其刑重而胜，由有礼也。语曰：'夏后[6]不杀不刑，罚有罪，而民不轻犯。'"

【注释】

【1】不胜（shèng）：做不到，无法制服。

【2】中国：指中原地区。

【3】内外：传统男主外、女主内的观念或规矩。

【4】桋（yí）架：衣架。

【5】巾栉（zhì）：毛巾和梳子。泛指盥洗用具。

【6】夏后：此处指夏朝。

【译文】

孔子说："吴国、越国一带的习俗，男人和女人在同一条河里洗澡。他们的刑罚再重也未能制止这种现象，因为没有礼节。中原地区的教化，丈夫主外和妻子主内有分别，男人和女人不用同一个衣架，不用同一条毛巾、同一把梳子。他们的刑罚重且效果好，因为有礼节。古话说：'夏朝不杀人不用刑，只处罚有罪的人，但民众不轻易犯法。'"

9

子曰："古之听民者，察贫穷，哀孤独矜【1】寡，宥【2】老幼不肖无告【3】。是故老而受刑谓之悖【4】，弱而受刑谓之暴【5】，不赦过谓之逆【6】，率【7】过以小谓之枳【8】。"

【注释】

【1】矜（guān）：同"鳏"，无妻或丧妻的男人。

【2】宥（yòu）：宽容，饶恕，原谅。

【3】无告：有苦无处诉的人。

【4】悖（bèi）：糊涂。

【5】暴：糟蹋，损害。

【6】逆：迎接。

【7】率（lǜ）：同"律"，按标准衡量、要求。

【8】枳（zhǐ）：害。

【译文】

孔子说："古代治理百姓的人，调查了解贫苦人家，同情孤儿、孤老和鳏夫、寡妇，体谅老人、儿童、愚昧无知者和无依无靠者。因此年老的人受刑被称为昏庸糊涂，年幼的人受刑被称为自暴自弃，不赦免过错被称为直面问题，用太细的标准衡量过错被称为祸害。"

10

子曰："今之听民者，求所以杀之；古之听民者，求所以生之。不得其所以生之之道[1]，乃刑杀，君与臣会焉。"

【注释】

【1】道：方法，途径。

【译文】

孔子说："现在审案的人，是千方百计寻找案犯的罪责，从而判其死刑；古代审案的人，是千方百计寻找案犯好的地方，从而使其还有活下来的机会。实在找不到让该案犯活下来的理由，才判其死刑，并且要经过君主和臣子们讨论通过。"

11

子曰："君子不可以不学，见人不可以不饰[1]。不饰无貌，无貌不敬，不敬无礼，无礼不立。夫远而光者，饰也；近而逾明者，学也。譬之污邪[2]：水潦[3]集焉，菅蒲[4]生焉，从上观之，谁知其非源水[5]也？"

【注释】

【1】饰：整顿，修饰。

【2】污邪：地势低下的水田。

【3】水潦：因雨水过多而积在田地里的水或流于地面的水。

【4】菅（jiān）蒲：水草。

【5】源水：有源头的活水。

【译文】

孔子说："君子不可以不学习，见人的时候不可以不修饰。不修饰就没有好仪表，没有好仪表就显得不慎重，不慎重就显得没礼仪，没礼仪就不能立身。远远望去就显得有光彩的，就是有修饰；到近处看更鲜明的，就是有学问。这就好比低洼的田地，雨水汇流到里面，水草生长在里面，从上面看下来，谁知道那不是有源头的活水呢？"

子曰："文王得四臣[1]，丘得四友。吾得回也，门人加亲，是非'胥附[2]'邪？吾得赐也，远方之士至，是非'奔走[3]'邪？吾得师也，前有光后有辉，是非'先后[4]'邪？吾得由也，恶言不至于耳，是非'御侮[5]'邪？故文王有四臣，免于虎口；丘有四友，以御侮。"

【注释】

【1】四臣：四种良臣，即下文所谓"胥附""奔走""先后""御侮"。《诗经·大雅·绵》："予曰有疏附，予曰有先后，予曰有奔奏，予曰有御侮。"

【2】胥（xū）附：指辅佐以使人心归附之臣。胥，辅。附，归附。

【3】奔走：指奔走效力之臣。

【4】先后：指身边的近臣。

【5】御侮：指捍卫国家之臣。

【译文】

孔子说："周文王得到四种良臣，我得到四位益友。自从我得到颜回，弟子们更加亲近，这不就是'胥附'吗？自从我得到端木赐，远方的士子纷纷到来，这不就是'奔走'吗？自从我得到颛孙师，前后都有了光辉，这不就是'先后'吗？自从我得到仲由，坏话就再也传不到我的耳朵，这不就是'御侮'吗？所以周文王有了这四种良臣，从而避免落入虎口被杀害；我有了这四位益友，从而能够抵御外侮。"

13

子曰："心之精神是谓圣[1]。"

【注释】

【1】圣：通。按：本则后原注"并见《尚书大传》"。

【译文】

孔子说："心的精华与高妙就在于无所不通。"

颜叔子第十二

1

颜叔子[1]独处于室，邻之嫠妇[2]又独处于室。夜，暴风雨至而室坏，妇人趋而至。颜叔子纳而使执烛[3]，放乎旦而蒸[4]尽，缩屋[5]而继之。自以为辟嫌之不审[6]矣。若其审者，宜若鲁人然。鲁人有男子独处室，邻之嫠妇独处于室。夜，暴风雨至而室坏，妇人趋而就之。男子闭户而不纳。妇人自牖与之言曰："子何为不纳我乎？"男子曰："吾闻之也，男女不六十不同居。吾子[7]幼，吾亦幼，不可以纳子。"妇人曰："子何不若柳下惠？妪[9]不逮门之女，国人不称其乱。"男子曰："柳下惠固可，吾固不可。吾将以吾不可学柳下惠之可。"孔子曰："欲学柳下惠者，未有似于是者也。"

【注释】

【1】颜叔子：春秋末年鲁国人。

【2】嫠（lí）妇：寡妇。

【3】执烛：举着火炬。

【4】蒸：古代以麻秸、竹木制成的火炬。

【5】缩屋：拆取房屋构件之木料。一说同"缩帷"，捆扎车盖。

【6】审：周密。

【7】吾子：古时对人的尊称。

【8】柳下惠：即展禽。中国春秋时鲁国大夫。展氏，名获，字禽。食邑在柳下。谥惠。

【9】妪（yǔ）：以体相温。

【译文】

　　颜叔子独居在家，隔壁的寡妇也独居在家。一天晚上，刮大风下大雨，寡妇的房子被打坏了，就跑到颜叔子家里来。颜叔子让她进了屋，又让她举着火把照明，天快亮时火把烧尽，便拆取木料继续点燃。但他觉得自己避嫌还不够谨慎。如果谨慎，应该要像那个鲁国人一样。鲁国有个男子独居在家，隔壁的寡妇也独居在家。一天晚上，刮大风下大雨，寡妇的房子被打坏了，跑到他家来。男子关着门不让进。寡妇在窗外对他说："您为什么不让我进去呢？"男子说："我听说了，男人和女人不到六十岁不能待在同一间屋子里。您还年轻，我也年轻，所以我不能让您进屋。"寡妇说："您为什么不能像柳下惠那样呢？他用怀抱温暖回不了家的女子，没人说他作风不好。"男子说："柳下惠能做到，我却做不到。我要用我做不到的来学习柳下惠做得到的。"孔子说："想要学习柳下惠的人，没有谁比这个人做得更接近了。"

2

　　孔子俟子贡，久而不至，谓弟子："占之。"遇"鼎[1]"，皆曰："折足[2]。赐不来。"颜渊掩口而笑。子曰："回也哂，谓赐来也；无足，乘舟而至。"子贡朝至。[3]

【注释】

【1】鼎：卦名。六十四卦之第五十卦。巽（☴）下离（☲）上，为革故鼎新之象。

【2】折足：鼎卦爻辞谓"九四：鼎折足"。

【3】按：本则后原注"《吕氏春秋》"。

【译文】

　　孔子等候子贡，等了很久还没到，就对弟子说："卜个卦看看情况。"结果遇到鼎卦，大家都说："鼎足折断了。子贡来不了。"颜回捂着嘴巴笑。孔子说："颜回在笑，意思是子贡会来。不用靠脚走，乘船而来。"子贡第二天一大早就到了。

3

　　子曰："少成[1]若天性[2]，习惯如自然。"[3]

【注释】

【1】少成：年少时养成的习性。

【2】天性：指人先天具有的品质或性情。

【3】按：本则后原注"见《大戴礼》"。

【译文】

孔子说："小时候养成的行为就像天生的本性一样稳固，成为习惯之后就好像是天然生成的。"

4

子曰："国有道[1]，虽加刑，无刑也；国无道[2]，虽杀之，不可胜也。"

【注释】

【1】有道：指政治清明，有德政。

【2】无道：暴虐，没有德政。

【译文】

孔子说："国家政治清明，即便加重刑罚，也像没有刑罚一样；国家暴虐混乱，即便大开杀戒，也无法制止犯罪。"

5

子曰："君子不尽利，以遗民。故《诗》云：'彼有遗秉[1]，此有不敛穧[2]，伊[3]寡妇之利[4]。'"

【注释】

【1】遗秉：遗留下来的成捆的稻把。

【2】穧（jì）：已割而未收的农作物。

【3】伊：是。

【4】按：句见《诗经·小雅·大田》，原文作"彼有不获稚，此有不敛穧，彼有遗秉，此有滞穗，伊寡妇之利"。

【译文】

孔子说："君子不把利益取尽，而是要把余利让给百姓。所以《诗经》说：'那里有遗留下来的成捆的稻把，这里有已割而特意未收的农作物，是贫苦无靠的寡妇的利益。'"

6

子曰："不患贫而患不均。"【1】

【注释】

【1】按：《论语·季氏》有"不患寡而患不均，不患贫而患不安"。本则后原注"并见《春秋繁露》"。

【译文】

孔子说："不担心贫穷，只担心财物分配不平均。"

7

子曰："我欲载之空言[1]，不如见之行事之深切著明[2]也。"[3]

【注释】

【1】空言：谓只起褒贬作用而不能被用于当世的言论主张。

【2】著明：显明。

【3】按：本则后原注"《司马迁传》"。实为《史记·太史公自序》。

【译文】

孔子说："我想记载褒贬是非的话，但不如将褒贬寓于具体事件的记述中，这样更切实明白。"

郈[1]、费[2]之宰二大夫数叛，患之，以问孔子。孔子曰："陪臣[3]执国命，采长[4]数叛者，邑有城池之固、家有甲兵之藏故也。"季氏说而堕[5]郈、堕费。[6]

【注释】

【1】郈（Hòu）：古地名，在今山东省东平县。

【2】费：古地名。在今山东省鱼台县西南。

【3】陪臣：古代天子以诸侯为臣，诸侯以大夫为臣，大夫又自有家臣。因之大夫对于天子，大夫之家臣对于诸侯，都是隔

了一层的臣，即所谓"重臣"，因之都称为"陪臣"。

【4】采长：采邑的长官，即邑宰。

【5】堕：毁。

【6】按：本则后原注"《公羊传》何休注"。

【译文】

郈邑、费邑的邑长屡次叛乱，叔孙氏和季孙氏很担忧，便去请教孔子。孔子说："陪臣执掌国政，邑长屡次叛乱，是城邑有坚固的城墙和家中藏有铠甲与兵器的缘故。"季孙氏觉得有道理，就毁了郈邑和费邑的城墙。

9

子曰："吾志[1]在《春秋》，行[2]在《孝经》。"[3]

【注释】

【1】志：意向。

【2】行：行为举止。

【3】按：本则后原注"何休《公羊传序》"。

【译文】

孔子说："我的思想体现在《春秋》里面，行为反映在《孝经》里面。"

孔子见罗者[1]，所得皆黄口[2]也。孔子曰："黄口尽得，大爵[3]独不得，何也？"罗者对曰："黄口从大爵者不得，大爵从黄口者可得。"孔子顾弟子曰："君子慎所从。不得其人，则有网罗之患。"

【注释】

【1】罗者：张网捕鸟者。

【2】黄口：雏鸟。因出生时，嘴为黄色，故称。

【3】爵（què）：同"雀"。

【译文】

孔子看见一个张网捕鸟的人，抓到的都是黄口小鸟。孔子说："黄口小鸟都被你抓了，但大雀一只也抓不到，这是为什么呢？"捕鸟的人说："小鸟跟从大鸟的都抓不到，大鸟跟从小鸟的才能抓到。"孔子回头对弟子说："君子一定要谨慎选择自己要跟从的人。跟了不对头的人，就会有进入罗网的祸患。"

子路问曰："治国何如？"子曰："在于尊贤而贱[1]不肖。"子路曰："范、中行氏尊贤而贱不肖，何为其亡也？"子曰："范、中行氏尊贤而不能用，贱不肖而不能去也。贤者知其不用己也，怨之；不肖者知其贱己也，雠[2]之。怨、雠并兴，欲无亡，得乎？"[3]

【注释】

【1】贱：轻视。

【2】雠："仇"的异体字。怨恨。

【3】按：本则后原注"并见《说苑》"。

【译文】

子路问道："治理国家要怎么做呢？"孔子说："在于尊重贤人并轻视不贤的人。"子路说："范氏、中行氏尊重贤人并轻视不贤的人，为什么灭亡了呢？"孔子说："范氏、中行氏尊重贤人却又不能信任他们，轻视不贤的人却又不能斥退他们。贤人知道他不任用自己，心里抱怨；不贤的人知道他轻视自己，心生仇恨。抱怨、仇恨一起发展，想不灭亡，可能吗？"

齐侯问第十三

1

齐侯[1]问于晏子[2]曰：“为政何患？”对曰：“患善恶之不分。”公曰：“何以察之？”对曰：“审择[3]左右。左右善，则百僚[4]各得其所宜[5]而善恶分。”孔子闻之曰：“善哉！”

【注释】

【1】齐侯：春秋时齐国国君，此齐侯或为齐景公。

【2】晏子：即晏婴，字仲，春秋齐人。历事灵公、庄公，相齐景公。尚俭力行，为当时名臣。谥平，史称“晏平仲”，后人尊称“晏子”。

【3】审择：审察选择。

【4】百僚：百官。

【5】各得其所宜：每个人都得到合适的安排。

【译文】

齐国国君向晏子问道：“执政担忧的是什么？”晏子答道：“担

忧好人和坏人分不清。"齐君问:"怎样明察呢?"晏子答道:"仔细地审察选择身边的人。身边的人好了,那么百官中每个人都会得到合适的安排,从而好人和坏人就分清了。"孔子听到这件事说:"很好!"

2

子曰:"本不正者,末必倚[1];始不盛者,终必衰。《春秋》之义,有正春,无乱秋,有正君,无危国。《易》曰'建其本而万国理,失之毫厘[2],差以千里',故君子贵建本而重其始。

【注释】

【1】倚:偏,歪。

【2】毫厘:极微小的数量。

【译文】

孔子说:"根本不端正的,枝末一定会倾斜;开始不兴盛的,结果一定会衰败。《春秋》的道理,有正常的春天,就不会有错乱的秋天,有正统的国君,就不会有危亡的国家。《易经》说'建立了根本,万事万物就能治理好;开始有丝毫的错失,结果就会有千里的差别',所以君子以建立根本为可贵,对开端特别重视。"

【3】私婿：古时东夷女子，夫死后，再非正式招夫婚配，因称受招者为私婿。

【4】苍梧：复姓，未知其名。

【5】庸：岂，怎么。

【译文】

子路向孔子问道："我想重新解释古人的学说，从而施行自己的意愿，行吗？"孔子说："不行！从前，东夷人仰慕中原的礼义，有女人死了丈夫，就让她私下招纳夫婿而不正式婚配，名义上终身不再正式出嫁。不出嫁是不出嫁了，然而根本不是贞节应有的意义。苍梧有个弟弟，娶的妻子容貌美丽，请求与哥哥交换。忠诚是忠诚了，然而根本不符合礼制。如今你想重新解释古人的学说从而施行自己的意愿，怎么知道你是不是有意把错的说成对的，把对的说成错的呢？如果你做事情开头不谨慎，到时候即便想悔改，难啦！"

6

孔子曰："恶恶[1]道不能甚者，则其好善道亦不能甚；好善道不能甚，则百姓之亲之也，亦不能甚。"

【注释】

【1】恶（wù）恶（è）：前"恶"，厌恶；后"恶"，凶恶。

【译文】

孔子说："厌恶凶恶的行径不够彻底的人，那么他喜爱良善的规则也做不到彻底；喜爱良善的规则做不到彻底的人，那么百姓对他的亲近，也做不到彻底。"

7

子曰："吾于《甘棠》[1]，见宗庙之美也。尊其人，敬其位，古圣之道几[2]哉。"

【注释】

【1】《甘棠》：《诗经·召南》中的一篇，先秦民歌，怀念召伯之作。

【2】几（jī）：表示非常接近。

【译文】

孔子说："我通过《甘棠》这首诗，看到了对祖先的赞美。尊崇那个人，敬慕他的经历，古代圣人治理天下的原则就接近了。"

8

仲尼见梁君[1]，梁君问曰："吾欲长有国，吾欲列都之得[2]，吾欲民不惑，吾欲士竭力，吾欲使日月当时，吾欲使圣人自来，吾欲使官府治，为之奈何？"仲尼曰："丘闻之，两君相亲，则长有国；君惠臣忠，则列都之得；毋杀不辜，毋释罪人，则民不惑；益[3]士禄赏，则竭其力；尊天敬鬼，则日月当时；善为刑罚，则圣人自来；尚贤使能，则官府治。"

【注释】

【1】梁君：具体不明。向宗鲁《说苑校证》引俞樾说，认为当时无梁君，或当从《孔子家语》作"宋君"。

【2】列都之得：即"得列都"，拥有分封的都邑。

【3】益：增加。

【译文】

孔子谒见梁君，梁君问道："我希望永久保住国家，我希望拥有分封的都城，我希望百姓没有顾虑，我希望士人尽心尽力，我希望让日月运行正常，我希望让圣人主动到来，我希望让官府治理好百姓，怎么样才能做到这些呢？"孔子说："我听说，邻国的两位君主和睦相亲，就能永久保住国家；君主有恩，臣子尽忠，就能拥有分封的都城；不要滥杀无辜，不要放过罪人，百姓就不会有顾虑；提高士人的薪俸和奖励，他们就会尽心尽力；尊崇天道，敬奉鬼神，日月就能运行正常；善于使用刑罚，圣人就会主动到来；敬重贤明的人，任用有才能的人，官府就能治理得好。"

9

　　鲁有父子讼者，康子曰："杀之！"孔子曰："未可杀也！夫民不知子父讼之不善者久矣，是则上过也。上有道，是人亡[1]矣。"康子曰："夫治民以孝为本。今杀一人以戮[2]不孝，不亦可乎？"孔子曰："不孝者，不教而诛之，是杀不辜也。三军大败，不可诛也；讼狱不治，不可刑也。上陈之教而先服之，则百姓从风[3]矣；躬行不从，而后俟之以刑，则民知罪矣。夫一仞之墙，民不能逾；百仞之山，童子升而游焉，陵迟故也。今仁义陵迟[4]久矣，能谓民不逾乎？"[5]

【注释】

【1】亡（wú）：同"无"，没有。

【2】戮（lù）：羞辱，侮辱。

【3】从风：比喻随俗从众。

【4】陵迟：渐趋衰败。在前句则释为"坡度缓"。

【5】按：本则后原注"并见《说苑》"。

【译文】

　　鲁国有父子之间告状的，季康子说："杀了他！"孔子说："不能杀！百姓不懂得父子间告状的不好已经很久了，这是上头执政者的过错。执政者遵循正道，这种人就不会有了。"季康子说："治理百姓以孝道为根本。如今杀掉一个人以羞辱那些不孝顺的人，不是很恰当的事吗？"孔子说："对不孝顺的人，不教导就杀了他，那是滥杀无辜了。军队打仗大败而归，不能随便诛杀；刑狱没有整顿好，不能随便用刑。执政者宣示的教化自己先去实行，那么百姓就会听从；自己亲身实行了但还有人不跟从，随后以刑罚惩治，这样民众才会知道有罪。一仞高的墙，民众不能越过；百仞高的山，小孩子都能登上去游玩，这是坡度缓的原因。如今仁义衰落已经很久了，能认为民众不会越过它吗？"

文王第十四

1

孔子曰[1]："文王似'元年'，武王似'春'，周公似'正月'[2]。文王以王季[3]为父，太任[4]为母，太姒为妃，武王、周公为子，泰颠、闳夭为臣，其本美矣。武王正其身，正其国以正天下，伐无道，刑有罪，一动天下正，其事正矣。春致其时，万物皆生；君致其道，万人皆治。周公戴[4]己，而天下顺其诚矣。"

【注释】

【1】按："孔子曰"三字系译注者据《说苑·君道》增补。

【2】"文王似"三句：《春秋》开篇为"元年，春，王正月"，此处因其而设喻。

【3】王季：人名。名季历，周文王的父亲。兄泰伯、虞仲出奔荆蛮，让位于季历。太王卒，立为公季，修太王之业，传位文王，武王时追尊为王季。

【4】戴：同"载"，行。《孔子家语·致思》："周公载

己行化。"

【译文】

孔子说："周文王时代像是'元年'，周武王时代像是'春'，周公时代像是'正月'。文王有王季为父亲，太任为母亲，太姒为妻子，武王、周公为儿子，泰颠、闳夭为臣子，他的根基非常好。武王先端正自身，再端正国家，最后端正全天下，讨伐荒淫无道的昏君，惩处有罪的人，一番举动使全天下都得以匡正，他的事业非常正大光明。春天按时来到，万物都得以生长；君王施行王道，万民都得以治理。周公亲自实行教化，他的诚心使全天下人心都得以归顺。"

2

孔子曰："存亡祸福，在己而已，天灾地妖不能杀[1]也。昔殷王帝辛[2]，爵生乌于城之隅，占者曰：'小而生巨，国家必祉。'帝辛喜，不治国家，亢暴[3]无极，外寇乃至，遂亡殷国。此逆天之时，诡福[4]而反得祸也。殷王武丁[5]之时，刑法弛废。桑榖[6]共生于朝，七日而大拱[7]，占者曰：'桑、榖，野物也，而生于朝，意朝亡乎？'武丁恐骇，侧身[8]修行，兴灭国[9]，继绝世[10]，举逸民[11]。三年之后，远方之君重译[12]而朝者六国。此迎天之时，诡祸而反得福也。故妖孽者，天之所以警天子、诸侯也；恶梦者，所以警士大夫也。妖孽不胜善政，恶梦不胜善行。"

【注释】

【1】杀（shài）：减少。引申为改变。

【2】殷王帝辛：即商纣王，著名暴君。

【3】亢暴：强暴，凶暴。

【4】诡福：奇异的福兆。

【5】武丁：即殷高宗。用傅说为相，国大治，殷乃复兴。

【6】榖（gǔ）：即构树，亦名楮树。

【7】大拱：形容粗大。拱，两手合围。

【8】侧身：比喻不能安身。

【9】灭国：已灭亡的国家。

【10】绝世：断绝的世系。

【11】逸民：节行超逸、避世隐居的人。

【12】重译：辗转翻译。

【译文】

孔子说："存在、灭亡，灾殃、幸福，都在于自己罢了，天降灾祸和地生妖异都不能够改变。从前在殷纣王帝辛的时候，鸟雀在城角生下乌鸦，占卜者说：'小鸟生出大鸟，预示国家有福。'帝辛听了非常高兴，不治理国家，残暴到了极点，从而招致外面敌人来攻，于是殷商便灭亡了。这是悖逆上天的法则，奇异的福兆反而招致了灾祸。在殷王武丁的时候，刑法松弛废弃。桑树和构树一起生长在朝廷中，过了七天就有一抱粗，占卜者说：'桑树和构树，都是野外的植物，却生长在朝廷中，恐怕是预示着朝廷要灭亡吧？'武丁听了十分害怕，便小心谨慎地修养品德，恢复被灭亡的诸侯国，让绝祀的卿大夫有继嗣，选拔任用隐逸的贤士。过了三年之后，远方的国君通过辗转翻译遣使者来朝拜的就有六个国家。这是遵循上天的法则，奇异的祸兆反而变成了福泽。因此那些怪异反常，是用来警戒天子和诸侯的；那些噩梦，是用来警戒士大夫的。怪异并不能胜过清明的政治，噩梦并不能胜过美好的品行。"

3

孔子读《易》，至"损""益"，喟然而叹。子夏避席[1]曰："夫子何叹？"孔子曰："自损者益，自益者损，吾是以叹也。"子夏曰："然则学不可益乎？"孔子曰："否。天之道，成者未尝得久也。夫学者以虚而受之，故曰'苟得持满，则天下之善言不得入其耳矣'。昔尧履天子之位，犹允恭[2]以持之，虚静[3]以待下，故百载而逾盛，迄今而犹章[4]。昆吾[5]自臧[6]而满意，穷高[7]而不衰，故当时而亏，迄今而愈恶。是非益损之征[8]与？"

【注释】

【1】避席：古人席地而坐，说话时起身离开座席，以示尊敬。

【2】允恭：信实而恭勤。

【3】虚静：内心恬淡寂静。

【4】章：同"彰"，明显。

【5】昆吾：夏朝诸侯国。

【6】自臧（zāng）：自认为很好。

【7】穷高：到达高处。

【8】征：证明，证验。

【译文】

孔子读《易经》，读到损卦和益卦，长长地叹了口气。子夏恭敬地站起来问道："先生为什么叹息呢？"孔子说："自认为不足的人会有增益，骄傲自满的人会有缺失，我因此而叹息。"子夏说："既然这样那么学习的人就不可以有所增益吗？"孔子说："不是这个意思。上天的规则，已成之事并不能长久。学习的人以谦虚的态度来接受知识，所以说'如果接受知识而心怀自满，那么天下的良言就进不了他的耳朵里了'。从前尧登上天子的高位，仍然用诚信恭敬的态度来保持它，用谦虚恬静的态度来对待臣民，所以经过一生而更负盛名，到如今名声更加彰显。昆吾自以为是，骄傲自满，极尽高位而不知收敛，所以当时就经历挫败，到如今显得更加丑恶。这难道不是益、损的验证吗？"

4

哀公问于孔子曰："人若何而可取也？"孔子对曰："毋取拑者[1]，毋取健者[2]，毋取口锐者[3]。拑者太利，不可尽用；健者必欲兼人[4]，不可为法也；口锐者多诞而寡信，后恐无验也。夫弓矢调，而后求其中焉；马悫愿[5]，而后求其良焉。人不忠信重厚而多智能，如此人者，譬犹豺狼不可近也。是故先仁信之诚者，然后亲之；于是人之有智能者，然后任之。”

【注释】

【1】拑（qián）者：沉默不言之人。拑，同"钳"，紧闭。
按：原注"音钓"，即音 diào。

【2】健者：此处指健谈之人。

【3】口锐者：口舌尖刻之人。实指夸夸其谈之人。

【4】兼人：超过别人。

【5】悫（què）愿：谨慎老实。

【译文】

鲁哀公向孔子问道："什么样的人可以选用呢？"孔子答道："不要选用沉默寡言的人，不要选用健谈逞强的人，不要选用夸夸其谈的人。沉默寡言的人聪明过头，不能完全信任；健谈逞强的人一定要说服别人，不能让人效法；夸夸其谈的人多荒诞而少信用，事后恐怕不会应验。弓和箭协调了，然后才能要求射中目标；马老实驯服了，然后才能要求出类拔萃。做人如果不忠厚诚信稳重朴实，却又聪明有才能，这样的人，好比豺狼一样是不可以亲近的。所以先要看仁义诚信是确实的，然后亲近他；在这些人当中有聪明能干的，然后任用他。"

5

　　鲁人有赎臣妾[1]于诸侯者，取金于府。子贡赎人于诸侯，而还其金。孔子闻之曰："赐失之矣。圣人举事，可以移风俗，而教导可施于百姓，非独适其身之行也。今鲁国富者寡贫者众矣，赎而受金，则为不廉；不受则后莫敢赎。自今以后，鲁人不复赎矣。"【2】

【注释】

【1】臣妾：西周、春秋时对奴隶的称谓。男奴叫臣，女奴叫妾。

【2】按：本则后原注"并见《说苑》"。

【译文】

　　鲁国人有向其他诸侯国赎回奴隶的，可以从官府领到赎金补助。子贡向诸侯赎人，但把补助的赎金退还官府。孔子听到后说："端木赐这样做是不对的。圣人做事情，要能够改变风俗习惯，而且教化要切合百姓实际，不能只适用于自己的个人行为。如今鲁国富裕的人少而贫穷的人多，赎人而接受赎金，就是不廉洁；不接受赎金，那么以后就没有人愿意去赎了。从今以后，鲁国人不会再去赎人了。"

齐桓公第十五

1

齐桓公[1]出猎，逐鹿于谷中，见老人而问之曰："何谷？"对曰："愚公之谷。"桓公曰："何故？"曰："以臣故名之。"公曰："视尔之状，非庸人，何以尔名？"对曰："臣故畜牸牛[2]，生子而大，卖之以买驹。少年曰'牛不能生马'，遂持驹去。闻者以臣为愚，故谷以臣得名。"桓公归以告管仲。管仲曰："此夷吾之愚也。使尧在上，皋陶为理，安有取人驹者乎？愚公知治狱[3]不正，故与之耳。请退而修政[4]。"孔子曰："弟子记之：桓公霸君，管仲贤佐，犹有以智为愚者，况不及桓公、管仲者乎？"

【注释】

【1】齐桓公：春秋时齐国的国君。姓姜，名小白，襄公弟。周庄王五十一年，以襄公无道，出奔莒国，其后襄公被弑，乃归国即君位，任管仲为相，尊周室，攘夷狄，九合诸侯，一匡天下，而为五霸之首。

【2】牸（zì）牛：母牛。

【3】治狱：审理案件。

【4】修政：修明政教。

【译文】

齐桓公出去打猎，追逐一只鹿而来到山谷中，看到一个老人便问道："这是什么山谷呢？"老人回答说："愚公之谷。"桓公说："为什么叫这个名字？"老人说："因为我的原因所以叫这个名字。"桓公说："看你的样子，不像是平庸无能的人，为什么要取这个名号呢？"老人答道："我以前养了一头母牛，生下牛犊并养大，把它卖了买马驹。有个年轻人说'牛不可能生出马来'，于是把马驹牵走了。听到这事的人都认为我很愚蠢，所以这个山谷因我而得名。"桓公回去后把这件事告诉了管仲。管仲说："这是我管仲愚蠢。设想尧帝在上，皋陶理政，怎么可能会有人去夺取人家的马驹呢？愚公知道办案不公正，所以把马驹让给人家而已。我请求下去整顿政务。"孔子说："弟子们记住这件事：齐桓公是个霸主，管仲是个能臣，那时尚且有把聪明当成愚蠢的事，何况还不如齐桓公、管仲的情况下呢？"

2

孔子与齐景公坐，左右曰："周使来言周庙焚。"齐景公问孔子曰："何庙也？"孔子对曰："必釐王[1]庙也。《诗》云：'皇皇上帝，其命不忒[2]。天之报人，必报其德。'祸亦如之。

釐王变文王之制，舆马奢侈不可振也，故天殃^[3]其庙，以是知之。"

景公曰："何不殃其身？"曰："天以文王之故。若殃其身，文王之祀无乃绝乎？故殃其庙，以彰其过也。"左右入报曰："是釐王之庙也。"景公惊曰："圣人之智，不亦大乎！"

【注释】

【1】釐（xī）王：周朝天子，姬姓，名胡齐。釐，同"僖"，为其谥号。

【2】忒（tè）：差错。按：所引诗句不见今本《诗经》，《孔子家语》注云："此逸诗也。"

【3】殃：灾祸。此处指使其遭受灾祸。

【译文】

孔子和齐景公坐着说话，旁边的人报告说："周天子的使臣来说周庙被火烧了。"齐景公问孔子说："是哪座庙呢？"孔子答道："必定是周釐王的庙。《诗经》说：'伟大的天帝，他的旨意不会有差错。上天对人的报应，一定会回报有德行的人。'灾祸也是这样。周釐王改变文王定下的祖制，车马极尽奢华，无可挽救，所以上天降灾给他的祭庙，因此知道是他的祭庙被烧毁。"景公说："上天为什么不降灾给他本身呢？"孔子说："上天是因为文王的缘故。如果降灾给他本身，文王的后代岂不就断绝了吗？所以降灾给他的祭庙，以彰显他的过错。"旁边的人进来报告说："是周釐王的庙。"景公大吃一惊说："圣人的智慧，哪有不博大的呢！"

3

孔子将行，无盖。弟子曰："子夏有之，可以行。"孔子曰："商之为人，短^[1]于财。吾闻与人交者，推其长，违^[2]其短，故能久长矣。"

【注释】

【1】短：此处指吝啬。

【2】违：回避。

【译文】

孔子将要出行，车上没有伞盖。弟子说："子夏有伞盖，借来用，就可以出行了。"孔子说："卜商的为人，对财物很吝惜。我听说和别人交往的时候，要推崇他的长处，回避他的短处，这样才能长久。"

4

子读《诗》，至《正月》^[1]之六章，懔然^[2]曰："不逢时之君子，岂不殆哉！从上依世，则废道；违上离俗，则危身。世不与善，而己独行之。故曰：'非其时，恐不得终焉。'"

【注释】

【1】《正月》：《诗经·小雅》篇名。高亨《诗经今注》题解：

"作者是西周王朝的官吏。他指责统治贵族的昏庸腐朽与残暴，悲悼王朝的沦亡，怨恨上天给人民带来灾难，忧伤自己的遭受谗毁，处于孤立无援的境地。"其第六段原文："谓天盖高？不敢不局。谓地盖厚？不敢不蹐。维号斯言，有伦有脊。哀今之人，胡为虺蜴？"

【2】懽（jué）然：惊惶的样子。

【译文】

孔子读《诗经》，读到《正月》第六章时，惊惶地说："生不逢时的君子，怎么会不危险啊！顺从君主，依循世俗，就会废弃道义；违抗君主，脱离世俗，就会危及自身。世人都不做好事，而只有自己去做。所以说：'不是合适的时机，恐怕不会有好结果。'"

5

孔子曰："不观高岸，何以知颠坠[1]之患？不临深渊，何以知没溺[2]之患？不观海上，何以知风波之患？失之者其在此乎？士慎三者，无累于人。"[3]

【注释】

【1】颠坠：坠落，跌落。

【2】没溺：沉没。

【3】按：本则后原注"并见《说苑》"。

【译文】

孔子说："不在高岸上俯观，怎么会知道坠落的灾祸？不面对深渊，怎么会知道沉没的灾祸？不在大海边观望，怎么会知道风浪的灾祸？造成过失的原因不就在这里吗？士人谨慎地对待这三种情况，就不会牵累到他人了。"

公索氏第十六

1

公索氏[1]将祭，亡其牲[2]。子曰："公索氏比及[3]三年必亡。"后一年而亡。弟子曰："夫子何以知之？"孔子曰："祭之为言，索也。索也者，自尽也，乃孝子所以自尽于亲也。将祭而亡其牲，则余所亡者多矣。吾以此知其将亡也。"

【注释】

【1】公索氏：鲁国大夫，复姓公索。

【2】牲：古代特指供宴飨祭祀用的牛、羊、猪。

【3】比及：等到。

【译文】

公索氏将要祭祀的时候，丢失了献祭用的牺牲。孔子说："公索氏等到三年必定会灭亡。"结果之后一年就灭亡了。弟子问道："先生是怎么知道的呢？"孔子说："祭的意思就是索取。索的含义表示已经穷尽自己所有，就是说孝子将尽自己所能孝敬先辈亲人。将要祭祀却丢失了献祭的牺牲，可见平时丢失的东西太多了。我因此知道公索氏将要灭亡了。"

2

鲁哀公问孔子曰："吾闻忘之甚者，徙[1]而忘其妻，有诸乎？"孔子对曰："此非忘之甚也；忘之甚者，忘其身。昔夏桀贵为天子，富有四海，不修禹之道，毁坏辟法[2]，裂绝[3]世祀，荒淫于乐，沉酗[4]于酒。其臣左师触龙[5]谄谀不止。汤诛桀，左师触龙身死，四支[6]异处，此忘其身者也。"哀公变色曰："善！"

【注释】

【1】徙：搬家。

【2】辟法：刑法。

【3】裂绝：破坏，断绝。

【4】沉酗（xù）：贪酒暴饮。

【5】左师触龙：夏桀的佞臣。《尸子》载此事作"王子须"。

【6】四支：四肢。

【译文】

鲁哀公问孔子说："我听说健忘最严重的人，搬家后忘了自己的妻子，有这种事吗？"孔子回答说："这不是健忘最严重的；最健忘的人，连自己本身都忘了。从前夏桀贵为天子，富有全天下，但不行夏禹的正道，毁坏刑法，断绝世代相传的祭祀，在靡靡之音中荒淫无耻，在酒里醉生梦死。他的臣子左师触龙谄媚阿谀无休止。商汤诛杀夏桀，左师触龙被车裂处死，四肢分裂在不同地方，这就是忘掉了自身的人。"哀公变了脸色说："讲得好！"

3

颜回将西游，问于孔子曰："何以为身？"孔子曰："恭、敬、忠、信，可以为身。恭则免于众，敬则人爱之，忠则人与[1]之，信则人恃之矣。"

【注释】

【1】与：交往，友好。

【译文】

颜回将要西去游学，向孔子请教说："用什么来立身处世呢？"孔子说："谦恭、礼敬、忠实、诚信，可以用来立身处世。谦恭就不会得罪众人，礼敬就会得到人们的爱戴，忠实就会让人乐意结交，诚信就会得到人们的信赖。"

4

子路行，辞于仲尼，曰："敢问新交取亲[1]若何？言寡而可行若何？长为善士而无犯若何？"仲尼曰："新交取亲，其忠乎？言寡可行，其信乎？长为善士而无犯，其礼乎？"

【1】取亲：此处指选择获得信任的。

【译文】

子路出行，向孔子辞别，说："请问新结交的朋友选择获得信任的怎么样？话语少但可实行的怎么样？长期做好人而无所冒犯的怎么样？"孔子说："新结交的朋友选择获得信任的，他忠诚吗？话语少但可实行的，他实在吗？长期做好人而无所冒犯的，他懂礼吗？"

5

仲尼曰："史鳅[1]有君子之道三：不仕而敬上，不祀而敬鬼，直能曲于人。"

【注释】

【1】史鳅（qiū）：春秋时卫国大夫，字子鱼。鳅，同"鳅"。

【译文】

孔子说："史鳅有君子的三种品行：不从仕但敬重长官，不祭祀但敬仰鬼神，正直但也能曲就他人。"

子路盛服[1]入见孔子，孔子曰："是襜襜[2]者何也？昔者江水出于岷山[3]，其始也大，足以滥觞[4]。及至江之津也，不方舟[5]，不避风，不可渡也。非唯下流众川之多乎？今若衣服甚盛，颜色[6]充盈，天下孰肯加若者哉？"子路趋出，改服而入，孔子曰："由，汝记之，吾语汝：贲[7]于言者，华也；奋于事者，伐[8]也；夫色智而有能者，小人也。故君子知之为知之，不知为不知，言之要也；能之为能，不能为不能，行之至也。言要则知，行要则仁，既知且仁，夫有何加矣哉！"

【注释】

【1】盛服：华丽的服饰。

【2】襜襜（chān chān）：盛装貌。

【3】岷（Mín）山：中国西部大山。主峰位于四川松潘县北，绵延于四川、甘肃两省边境，为长江、黄河两大水系的分水岭。

【4】滥觞：浮起酒杯。

【5】方舟：两船相连。

【6】颜色：面容，脸色。

【7】贲（bì）：装饰，修饰。

【8】伐：自夸。

【译文】

子路穿着华丽的衣服来见孔子，孔子说："你穿得这么隆重干什么？过去长江水发源于岷山，它开始的水流的大小，足够用来浮起酒杯。等到了下面的渡口，不并船，不避风，是不能渡过去的。不就是下游汇聚了众多水流的缘故吗？如今你的衣服这么华丽隆重，脸色这么洋洋自得，天下人谁肯对你有所增益呢？"

子路急步退出，换了衣服再进来，孔子说："由，你记住，我告诉你：在言语上装饰的，是浮华；在行动上张扬的，是自夸；在形色上表露出自己聪明能干的，是小人。所以君子知道就是知道，不知道就是不知道，这是言语的要领；会做就是会做，不会做就是不会做，这是行动的要领。言语合乎要领就是智，行动合乎要领就是仁，既智又仁，那还有什么需要增益的呢？"

7

赵襄子[1]见围于晋阳，罢围，赏功臣。高赫[2]无功而受上赏。张孟谈[3]曰："晋阳之中，高赫无功，与上赏，何也？"襄子曰："吾在厄[4]中，唯赫不失臣主之礼。子以功骄寡人也。与赫上赏，不亦可乎？"孔子闻之曰："赵襄子可谓善赏士矣。赏一人，而天下之人臣莫敢失君臣之礼。"

【注释】

【1】赵襄子：名毋恤，谥襄，故史称赵襄子。春秋末年晋国大夫。后与韩、魏两家合谋，灭晋国执政智伯，三分其地，建立赵国。

【2】高赫：赵襄子家臣。

【3】张孟谈：赵襄子家臣。晋阳被围时，曾奉命出见韩康子、魏桓子，相约破智伯。

【4】厄（è）：困苦，灾难。

【译文】

赵襄子被围困在晋阳城里，解围之后，奖赏有功劳的臣子。高赫没有功劳却受到上等赏赐。张孟谈说："在解晋阳城之围的过程中，高赫没有功劳，却给他上等赏赐，这是为什么呢？"赵襄子说："我在受困遭难的时候，只有高赫没有不合君臣礼节。你却因为功劳对我态度傲慢。给高赫上等赏赐，不也是应该的吗？"孔子听到这件事后说："赵襄子可算得上是善于奖赏贤士了。奖赏了一个人，就让全天下的臣子没有谁敢丢弃君臣的礼节了。"

8

孔子闲居，喟然叹曰："铜鞮伯华[1]无死，天下其有定矣！"子路曰："其为人也何若？"子曰："其幼也，敏而好学；壮也，勇而不屈；老也，有道而能下人[2]。"子路曰："何谓也？"孔子曰："由，汝不知。吾闻以众攻寡，无不消[3]也；以贵下贱，无不得也。周公制[4]天下之政，而下士七十人，岂无道哉？欲得士故也。有道而能下天下之士，君子乎哉！"

【注释】

【1】铜鞮（dī）伯华：复姓羊舌，名赤，字伯华，春秋时

期晋国人。封邑为铜鞮（今山西沁县西南），故称。

【2】下人：谦恭地对待别人。

【3】消：灭掉，除去。

【4】制：裁断，执掌。

【译文】

孔子闲居在家，感慨地叹了口气说："铜鞮伯华如果没有死去，天下应该已经安定了啊！"子路说："他为人怎么样呢？"孔子说："他年幼的时候，聪明勤勉而爱学习；壮年的时候，勇敢而不屈服；老年的时候，有道德学问又能够谦卑待人。"子路说："具体是什么意思呢？"孔子说："由啊，你不知道。我听说以人多进攻人少，没有不攻下的；地位高的人谦恭地对待地位低的人，没有不得人心的。周公裁决天下的政务，还谦卑地对待七十位贤士，难道他没有道德学问吗？那是想得到贤士帮助的缘故。有道德学问又能够谦恭地对待天下的贤士，真是君子啊！"

9

子曰："可也，简；简者，易野[1]也；易野也者，无礼文[2]也。孔子见子桑伯子[3]，子桑伯子不衣冠而处。弟子曰："夫子何为见此人乎？"子曰："其质美而无文，吾将说[4]而文之。"孔子去，子桑伯子门人不说[5]，曰："何为见孔子乎？"曰："其质美而文繁，吾欲说而去其文。"故曰：文质修者，谓之君子；有质无文，谓之易野。子桑伯子易野，欲同人道于牛马，故仲弓[6]

曰"太简"。

【注释】

【1】易野：简易粗野。

【2】礼文：礼仪文饰。

【3】子桑伯子：又名子桑户，鲁国人，春秋末年隐士。

【4】说（shuì）：用话劝说别人，使他听从自己的意见。

【5】说（yuè）：同"悦"，高兴。

【6】仲弓：孔子弟子。姓冉，名雍，字仲弓。春秋末年鲁国人。比孔子小二十九岁。在孔门"十哲"中以德行著名。

【译文】

孔子说："简，是可以的；简，就是简易粗野；简易粗野，就是没有礼仪文饰。"孔子去见子桑伯子，子桑伯子不穿戴衣帽而待在家中。弟子说："先生为什么要去见这个人呢？"孔子说："他的本质美好，却没有文饰，我想说服他讲究文饰。"孔子离开后，子桑伯子的弟子不高兴，说："为什么要见孔子呢？"子桑伯子说："他的本质美好，但文饰烦琐，我想说服他去掉文饰。"所以说：文饰和本质一起培养的，才能称为君子；有本质而没有文饰，称之为简易粗野。子桑伯子简易粗野，想使人的行为如同牛马一样，所以仲弓说他"易野"。

10

孔子至齐郭门[1]外,遇一婴儿[2],挈一壶相与俱行。其视精,其心正,其行端。孔子谓御者[3]曰:"趣[4]驱之!趣驱之!《韶》[5]乐将作。"孔子至彼闻《韶》,三月不知肉味。[6]

【注释】

【1】郭门:古代的城池通常有两道墙,外墙称为郭,郭门即指外面城墙的城门。

【2】婴儿:此处指儿童。

【3】御者:驾驭车马的人。

【4】趣(cù):同"促",立刻,赶快。

【5】《韶》:传说舜帝所作的乐曲名。

【6】按:本则后原注"并见《说苑》"。

【译文】

孔子来到齐国外城门口,遇到一个小孩子,提着一只壶往前走。他的目光敏锐,内心纯正,脚步从容。孔子对车夫说:"快赶车!快赶车!《韶》乐马上就要演奏。"孔子到那里听到《韶》乐,在三个月时间内陶醉得忘了肉的滋味。

子夏问第十七

1

子夏问仲尼曰："颜渊为人何若？"曰："回之信，贤于丘也。"曰："子贡为人何若？"曰："赐之敏，贤于丘也。"曰："子路为人何若？"曰:"由之勇,贤于丘也。"曰:"子张为人何若？"曰:"师之庄，贤于丘也。"子夏避席而问曰："然则四者何为而事先生？"子曰："坐，吾语汝：回能信，而不能反[1]；赐能敏，而不能屈；由能勇，而不能怯；师能庄，而不能同[2]。兼此四者，丘不为[3]也。夫所谓至圣之士，必见进退之利、屈伸之用者也。"

【注释】

【1】反：同"返"，回还，引申为迂回婉转。

【2】同：合群。

【3】不为：这里是"不满足"的意思。

【译文】

子夏问孔子说："颜渊为人怎么样？"孔子回答说："颜回

为人诚信，这比我强。"子夏问："子贡为人怎么样？"孔子答：

"端木赐为人机敏，这比我强。"子夏问："子路为人怎么样？"

孔子答："仲由为人勇敢，这比我强。"子夏问："子张为人怎

么样？"孔子答："颛孙师为人庄重，这比我强。"于是子夏离

座起身问道："那么这四个人为什么要待奉先生您呢？"孔子说：

"坐下，我告诉你：颜回做人诚信，却不能婉转；端木赐行事机

敏，却不能受屈；仲由遇事勇敢，却不能退缩；颛孙师为人庄重，

却不能合群。虽然能够兼有这四个人的优点，但我还不满足呢。

平常所说的最圣明之人，一定是懂得前进还是后退更有利、弯曲

还是伸直更有效的人吧。"

2

　　孔子观于吕梁[1]，悬水[2]四十仞，环流[3]九十里，有丈夫[4]

将涉之。孔子使人止之，丈夫不错意[5]，遂渡而出。孔子曰："子

有巧乎？有道术乎？所以能入而能出者何也？"丈夫曰："始吾

入，先之以忠信；吾之出，又从以忠信。忠信错[6]吾躯于波流，

而吾不敢用吾私，所以能入而复出也。"孔子谓弟子曰："水尚

可以忠信义久而身亲之，况于人乎？"

【注释】

【1】吕梁：水名。也称吕梁洪。在今江苏省徐州市东南五十里。

有上下二洪，相距七里，巨石齿列，波流汹涌。

【2】悬水：瀑布。

【3】环流：回环曲折地流动。

【4】丈夫：成年男子。

【5】错意：在意。错，同"措"。

【6】错：同"措"，安置。

【译文】

孔子察看吕梁，瀑布高四十仞，水流回环曲折九十里，有个男子将要蹚水过去。孔子叫人劝阻，男子毫不在意，还是蹚水过去了。孔子说："你有技巧吗？有道术吗？能够在水中自由出入的原因是什么呢？"男子说："我开始入水，先是凭着忠诚信实；我出水，又是继续凭着忠诚信实。是忠诚信实把我的身体放在波涛水流当中，而我不敢怀有私心，这就是我能够入水又能够出水的原因。"孔子对弟子说："水尚且可以凭着忠信正义长久密切地在里面，何况对人呢？"

3

子路持剑，孔子问曰："安【1】用此乎？"子路曰："古者【2】以自卫。"孔子曰："君子以忠为质，以仁为卫，不出环堵之内而闻千里之外。不善以忠化，寇暴以仁围【3】，何必剑乎？"

【注释】

【1】安：疑问词，哪里。

【2】古者：古人；古时候。

【3】围：向宗鲁《说苑校证》认为应作"圉（yù）"，通"御"，抵挡。

【译文】

子路拿着剑，孔子问道："哪里用得上这个？"子路说："古人用来自卫。"孔子说："君子以忠诚为本性，以仁爱为护卫，不出家门而闻名于千里之外。对不友好的人要用忠诚来感化，对残暴的强盗要用仁爱来抵挡，哪里用得上剑呢？"

4

孔子曰："行身有六本。本立焉，然后可为君子。体有义矣，而孝为本；丧有礼矣，而哀为本；战阵有队矣，而勇为本；治政有理矣，而能为本；居国[2]有礼矣，而嗣为本；生财有时矣，而力为本。置本不固，无务丰末；亲戚不说，无务外交；事无终始，无务多业；闻记不言，无务多谈；比近[3]不说，无务修远。是以反本修迩[4]，君子之道也。"

【注释】

【1】行身：立身处世。

【2】居国：统治国家。

【3】比近：邻近。

【4】修迩：整顿内务。

【译文】

孔子说："立身处世有六件根本大事。根本确立了，然后才能成为君子。立身有原则，而行孝是根本；居丧有礼节，而哀痛是根本；作战有队列，而勇敢是根本；理政有条理，而能干是根本；治国有礼制，而立嗣是根本；赚钱有时机，而努力是根本。如果建立的根本不稳固，那就不用想求得枝叶丰茂；如果亲戚都不乐意来往，那就不用想求得结交外人；如果做事情有始无终，那就不用想干更多的事业；如果听到的记住了却表达不出来，那就不用想求得言谈丰富；如果近邻都不乐意交往，那就不用想修好远客。所以回到根本整顿内务，才是君子的法则。"

5

孔子曰："鲤[1]，君子不可以不学，见人不可以不饰。不饰则无根，无根则失理，失理则不忠，不忠则失礼，失礼则不立。夫远而有光者，饰也；近而愈明者，学也。譬之污池，水潦注焉，萑蒲生之，从上观之，谁知其非源也？"[2]

【注释】

【1】鲤：孔子之子，名鲤，字伯鱼。比孔子小十九岁，早两年去世。

【2】按：本则内容与前文《子出卫第十一》章第 11 节大

同小异。据原注，前则出处为《尚书大传》，本则出处为《说苑》。

【译文】

孔子说："鲤啊，君子不可以不学习，见人的时候不可以不修饰。不修饰就丧失根本，丧失根本就违背事理，违背事理就不忠诚，不忠诚就显得没礼仪，没礼仪就不能立身。远远望去就显得有光彩的，就是有修饰；到近处看更鲜明的，就是有学问。这就好比肮脏的池塘，雨水汇流到里面，水草生长在里面，从上面看下来，谁知道那不是有源头的活水呢？"

6

孔子谓子路曰："汝何好？"曰："好剑。"孔子曰："非此之问也。请以汝之所能，加以好学，岂不可哉？"子路曰："学有益乎？"孔子曰："人君无谏臣，则失政；士无教友[1]，则失德。狂马不释其策[2]，操弓不反于檠[3]。木受绳则直，人受谏则圣。受学重问，孰不顺成[4]？毁仁恶士，且近于刑。君子不可不学也。"子路曰："南山有竹，弗揉自直，斩而射之，通乎犀革，又何学焉？"孔子曰："括[5]而羽之，镞[6]而砥砺之，其入不益深乎？"子路拜曰："敬受教哉！"[7]

【注释】

【1】教友：能给予教导的朋友。

【2】策：马鞭。

【3】檠（qíng）：矫正弓弩的器具。

【4】顺成：顺理而成功。

【5】括：箭的尾部。

【6】镞（zú）：箭头。

【7】按：本则后原注"并见《说苑》"。

【译文】

孔子问子路说："你喜欢什么？"子路说："喜欢剑。"孔子说："我不是问这个。希望用你所能做的，再加强学习，不就很好了吗？"子路说："学习有好处吗？"孔子说："君主如果没有直言敢谏的臣子，就会导致政治混乱；士人如果没有能够获益的朋友，就会导致品行过失。狂奔的马不能没有马鞭，拉弓射箭不能没有矫正器。木材经过绳墨就能取直，人接受谏言就能圣明。接受教育重视请教，谁会不顺理而成功呢？诋毁仁义，厌恶学人，就接近刑罚了。君子不能不学习啊。"子路说："南山有竹子，不用揉制就能挺直，砍下来制箭射出去，能穿透厚厚的犀牛皮，又何必要学习呢？"孔子说："在箭的尾部装上羽毛，前端装上打磨锋利的箭头，射进去不是更深吗？"子路恭敬地行礼并说："我诚恳地接受您的教诲！"

楚伐陈第十八

1

楚伐陈，焚西门，使降民[1]修之。孔子过之，不轼[2]。子路问曰："礼，过三人则下车，二人则轼。陈修门者众矣，夫子不轼，何也？"孔子曰："丘闻之：国亡而不知，不智；知而不争，不忠；忠而不死，不廉[3]。今陈修门者不行一于此，丘故不为轼也。"

【注释】

【1】降民：俘虏。

【2】轼：扶轼。乘车时，身子前俯，两手倚凭车前横木，表示敬意。

【3】廉：正直，刚直，品行方正。

【译文】

楚国攻打陈国，烧毁陈国都城的西门，而后命令俘虏把它修理好。孔子乘车经过这里，没有身子前俯以两手倚凭车前横木表示敬意。子路问道："按照礼节，遇见三个人就要下车，两个人就要扶轼致意。陈国修城门的人很多，先生不扶轼，为什么呢？"

孔子说："我听说：国家灭亡却不知道，就是不聪明；知道却不去斗争，就是不忠诚；忠于国家却不殉死，就是不刚直。如今陈国修城门的人在这些方面连一条都做不到，所以我不扶轼表示敬意。"

2

颜渊问仲尼曰："成人[1]之行何若？"子曰："成人之行，达乎情性之理，通乎物类[2]之变，知幽明[3]之故，睹游气[4]之源。若此则可谓成人。既知天道，行身以仁义，饬身[5]以礼乐。夫仁义礼乐，成人之行也。穷神知化[6]，德之盛也。"

【注释】

【1】成人：完美无缺的人。

【2】物类：万物的总称。

【3】幽明：有形和无形的现象，看不见的和看得见的。

【4】游气：浮动的云气。

【5】饬（chì）身：警饬己身，使自己的思想言行谨严合礼。

【6】穷神知化：穷究事物精微道理，以观察万事万物的变化。

【译文】

颜渊问孔子说："完人的德行是怎样的？"孔子说："完人的德行，能通达本性的道理，通晓万物的变化，知道有形与无形现象的成因，洞察风云变幻的根源。如果做到这些就能称得上完人了。已经知道自然界的规律，就要亲自用仁义来实行，用礼乐来自我警饬。仁义礼乐，就是完人的德行。穷尽事物的神奇变化，是德行高的表现。"

3

子贡问："死人有知乎？无知也？"孔子曰："吾欲言死者有知也，恐孝子顺孙[1]妨生以送死也；吾欲言死者无知也，恐不孝子孙弃而不葬也。赐，尔欲知死人有知将[2]无知也，死徐自知之犹未晚也。"

【注释】

【1】顺孙：孝孙。

【2】将：或。

【译文】

子贡问："死人有知觉吗？还是没有知觉呢？"孔子说："我想说死者有知觉，担心那些孝子贤孙为了送别死者而妨害了自己；我想说死者没有知觉，担心那些不孝子孙丢弃亲人遗体不安葬。赐啊，你想知道死者有知觉还是没有知觉，等到自己死了慢慢知道也还不晚啊。"

孔子曰："移风易俗，莫善于乐；安上治民，莫善于礼。是故圣人修礼文[1]，设庠序[2]，陈钟鼓。天子辟雍[3]，诸侯泮宫[4]，所以行德化[5]也。"

【注释】

【1】礼文：礼乐仪制。

【2】庠（xiáng）序：泛指学校。殷代叫庠，周代叫序。

【3】辟雍：西周天子所设大学，校址圆形，围以水池，前门外有便桥。

【4】泮（pàn）宫：周代诸侯的学宫。

【5】德化：以道德感化人。

【译文】

孔子说："转移风气，改良习俗，没有比音乐更好的；稳定政权，治理民众，没有比礼仪更好的。因此圣人确定礼仪，设立学校，陈列钟鼓。天子的学校叫辟雍，诸侯的学校叫泮宫，是用来推行德政教化的。"

5

孔子之楚，有献鱼者，孔子不受。献鱼者曰："天暑市远，卖之不售[1]，思欲弃之，不若献之君子。"孔子再拜受命，使弟子扫除，将祭之。弟子曰："人将弃之，而夫子将祭之，何也？"

孔子曰："吾闻之：务施[2]而不腐余财者，圣人也。受圣人之馈，可无祭乎？"

【注释】

【1】售：卖出手。

【2】务施：乐善好施。

【译文】

孔子来到楚国，有人送鱼，孔子不接受。送鱼人说："天气热，市场远，卖又卖不掉，想要扔了它，不如将它送给先生。"孔子拜了两拜后接受了，让弟子打扫卫生，将要用它来祭祀。弟子说："别人想要扔的东西，而先生却要用它祭祀，这是为什么呢？"

孔子说："我听说：乐善好施而不让多余财物腐坏的人，就是圣人。接受圣人的馈赠，能不用来祭祀吗？"

6

孔子曰："北方有兽，其名曰蟨[1]，前足鼠而后足兔。是兽也，甚爱蛩蛩[2]、巨虚[3]也。食得甘草，必啮以遗蛩蛩、巨虚。蛩蛩、巨虚见人将来，必负蟨以走。蟨非性爱蛩蛩、巨虚也，为其假足故也。二兽者，亦非性爱蟨也，为其得甘草而遗之也。夫禽兽、昆虫，犹知比假[4]以相报也，况于士君子[5]之欲兴名利于天下者乎？"[6]

【注释】

【1】蹙（jué）：古书上说的一种野兽。

【2】蛩蛩（qióng qióng）：也作邛邛，传说中的一种异兽，似马而色青。

【3】巨虚：即距虚，传说中的一种异兽，似骡而小。

【4】比假：互相亲近、帮助。

【5】士君子：指上层统治人物。

【6】按：本则后原注"并见《说苑》"。

【译文】

孔子说："北方有一种野兽，它的名字叫蹙，前脚像老鼠而后脚像兔子。这种野兽，特别喜爱蛩蛩和巨虚。每当它吃到甜美的草，一定会咬下来带回送给蛩蛩和巨虚吃。蛩蛩和巨虚看到有人要来，也一定会驮着蹙逃走。蹙并不是本性喜爱蛩蛩和巨虚，只不过是为了借助它们的脚力。而那两种野兽，也不是本性喜爱蹙，只不过是为了它能够把甜美的草送给它们吃。那些禽兽、昆虫尚且知道相互利用、相互报答，何况是想要在天下扬名兴利的士大夫、君子呢？"

7

孔子席不正不坐，割不正不食，不饮盗泉[1]之水，积正[2]也。[3]

【注释】

【1】盗泉：泉名，在今山东省泗水县东北。相传孔子因盗泉之名于礼不顺，故渴而不饮其水。

【2】积正：培养正直的人格。

【3】按：本则后原注"汉许慎《说文》"。

【译文】

孔子如果座席摆放不端正就不坐，如果切的肉刀工不合标准就不吃，不饮用盗泉的水，都是为了培养正直的人格。

8

士尹池[1]为荆使于宋，司城子罕止而觞之。南家之墙拥于前而不直，西家之潦经其宫而不止。士尹池问其故。子罕[2]曰："南家，鞔[3]工也。吾徙之，其父曰：'吾恃鞔而食者三世，今徙，是国之求鞔者不知吾处也。吾无以食，愿相国之忧吾不食也。'为是吾不徙。西家高，吾室卑，潦之经吾宫也利，为是故不禁也。"士尹池归，荆适兴兵欲攻宋。士尹池谏于王曰："宋不可伐也，其君贤，其相仁。贤者得民，仁者能用人。攻之无功，乃为天下笑。"荆释宋而攻郑。孔子闻之曰："夫修之庙堂[4]之上，而折冲[5]千里之外者，司城子罕之谓也。"[6]

【注释】

【1】士尹池：复姓士尹，名池，春秋时期楚国人。

【2】子罕：春秋时期宋国贤臣，子姓，乐氏，名喜，字子罕。所任司城，即司空，为六卿之一，掌水土营建之事。

【3】鞔（mán）：鞋帮，也指鞋；把布蒙在鞋帮上或以皮革补鞋头。

【4】庙堂：朝廷。

【5】折冲：打退敌人攻城的战车。指拒敌取胜。

【6】按：本则后原注"刘向《新序》"。

【译文】

士尹池受楚国派遣出使到宋国，宋国的司城子罕请他来喝酒。士尹池来到子罕的府第，看到南边邻居的墙紧紧地斜挨到前面来，西边邻居沟里的水不停地往这边流。士尹池询问其中的缘故。子罕说："南边的邻居，是做皮鞋的工人。我要让他们迁居到别处，这家的父亲说：'我们凭着做皮鞋的手艺养家糊口已经三代人了。如果现在迁居到其他地方，这个都城中要做皮鞋的人就会不知道我住在什么地方。我将不能讨生活，希望相国您可怜我们家没饭吃。'因为这个原因，我决定不让他们迁走。西边的邻居家地势高，我家房子地势低，积水流过我家房子是有好处的。因为这个原因，所以我也不加阻止。"士尹池回到楚国，楚王刚好想发兵攻打宋国。士尹池便劝谏楚王说："宋国不能攻打，因为他们的君主贤明，辅佐的大臣仁爱。贤明的君主能够得民心，仁爱的大臣善于用人，攻打他们没有战绩，就会被天下人耻笑。"于是楚国放开宋国而去攻打郑国。孔子听到这件事后说："在朝廷之上修养学问品行，却又能够在千里之外克敌制胜的人，说的就是子罕的这种情况啊。”

9

楚共王[1]出猎而遗其弓，左右请求之。共王曰：“止！楚人遗弓，楚人得之，又何求焉？”仲尼闻之曰：“惜乎其不大也！亦曰‘人遗弓，人得之’而已，何必楚也？”

【注释】

【1】楚共王：芈姓，熊氏，名审，春秋时期楚国国君。

【译文】

楚共王外出打猎而丢失了他的弓，随从人员请求去找回它。共王说：“算了吧！楚国人丢失了弓，也是楚国人捡到它，又何必去找回来呢？”孔子听到这件事后说：“可惜他的胸怀还不够博大啊！也可以说‘有人丢失了弓，有人捡到了它’就是了，为什么一定要是楚国呢？”

10

虞[1]人、芮[2]人质成[3]于文王。入文王之境，见其人民逊[4]为士大夫；入其国，见其士大夫逊为公卿。二国者相谓曰：“其人民逊为士大夫，其士大夫逊为公卿，其君亦逊以天下而不居矣。”

二国者未见文王，归而逊其所争，为闲田^[5]。孔子曰："大哉文王之道乎！其不可加矣！不动而变，无为而成，敬谨恭己，而虞、芮自平。"

【注释】

【1】虞（yú）：周代诸侯国名，在今山西省平陆县东北。

【2】芮（ruì）：周代诸侯国名，在今陕西省大荔县。

【3】质成：求人评定是非真伪。

【4】逊：辞让，退让。

【5】闲田：古代君王于分封后所剩余的田地。

【译文】

虞国人和芮国人为争田界事想请周文王评定是非。两国所派使者进入周文王所辖境域，看到那里的人民都辞让做士大夫；进入周文王的国都，看到那里的士大夫都辞让做公卿。两国的使者相互议论说："这里的人民都辞让做士大夫，这里的士大夫都辞让做公卿，这里的君主也辞让天下而不居其位。"两国的使者还没有见到周文王，就返回而相互谦让原来所争的田地，最后只好把它作为公有的闲田。孔子说："周文王的功德真是伟大啊！那真是无以复加了啊！他无所举动就能够改良风气，无所作为就能够平息争端。他只是恭敬谨慎，严于律己，就使虞、芮两国人民的争端自然平息了。"

11

曾子芸[1]瓜，误断其根。曾晳[2]怒，投大杖击之。曾子仆地，有顷[3]而苏，蘧然[4]而起曰："大人教参，得无疾乎？"孔子闻之，以告门人曰："参来勿内[5]！"三日，曾子因客而见孔子。孔子曰："汝闻瞽瞍[6]有子曰舜乎？舜之事父也，索而使之，未尝不在侧；求而杀之，未尝可得。小箠[7]则待，大箠则走，以逃暴怒也。立体而不去，杀身以陷父不义，不孝孰是大乎？"

【注释】

【1】芸：古同"耘"，除草。

【2】曾晳：姓曾，名点，字子晳。曾参的父亲。父子皆为孔子弟子。

【3】有顷：过了一会儿。

【4】蘧（jué）然：急起、惊起的样子。蘧，同"蹶"。

【5】内：同"纳"，接纳。

【6】瞽瞍：亦作"瞽叟"，舜的父亲。

【7】箠：同"棰"，短木棍。

【译文】

曾子给瓜地锄草，不小心把瓜苗的根弄断了。他的父亲曾晳很生气，扔大木棒击打他。曾子跌倒在地，过了一会儿才苏醒过来，就马上起身说："父亲大人教育我，自己不会受伤了吧？"孔子听说了这件事，对门下弟子说："曾参如果来了，不要让他进来！"过了三天，曾子请人代为向孔子请教原因。孔子说："你听说过瞽叟有个儿子叫舜吗？舜侍奉他的父亲，凡是想找他来使唤的时候，没有不在身边的；但如果想找他来谋求杀害，从来没有得逞的。小木棒打他就等着，大木棒打他就跑走，为的是逃避父亲的暴怒。而你却站在那里不逃避，将会导致被杀害从而使自己的父亲陷入不义的境地，还有比这更不孝的情况吗？"

12

孔子既不得用于卫，将西见赵简子[1]。至河，而闻窦鸣犊、舜华之死也，曰："窦鸣犊、舜华，晋国之贤大夫也。赵简子未得志之时，须此两人而后从政；及其已得志，杀之。丘闻之：刳[2]胎杀夭，则麒麟不至；竭泽[3]涸鱼，则蛟龙不游；覆巢毁卵，则凤凰不翔。何则？君子重伤其类[4]也。夫鸟兽之于不义也，尚知避之，而况丘哉？"乃还。[5]

【注释】

【1】赵简子：春秋时期晋国大夫，专国事。

【2】刳（kū）：从中间破开再挖空。

【3】竭泽：排尽湖泽的水。

【4】重伤其类：特别感伤自己的同类。

【5】按：本则后原注"并见《说苑》"。

【译文】

孔子已然不被卫国重用，于是将要西行去见晋国大夫赵简子。他来到黄河边，听到窦鸣犊、舜华被赵简子杀死的消息，说："窦鸣犊、舜华，都是晋国的贤大夫。赵简子尚未掌权的时候，一定要得到这两个人协助才去治理政事；而到他大权在握的时候，却把这两个人杀掉了。我听说：剖腹取胎杀死幼仔，那么麒麟就不会到来；抽干水流让鱼枯竭，那么蛟龙就不会游来；打翻鸟巢弄破鸟蛋，那么凤凰就不会飞来。为什么呢？因为君子会特别感伤自己的同类。那些鸟兽遇到不合道义的情况，尚且知道躲避，何况是我呢？"于是就返回了。

孔子先第十九

1

孔子先世，宋缗公[1]之长子曰弗父何[2]。何世为宋大夫，其曾孙曰正考父[3]。考父之子曰孔父嘉[4]。嘉为华父督[5]所杀，其子奔鲁，始为郰[6]人。孔子之曾大父曰孔防叔。防叔生伯夏，伯夏生叔梁纥[7]，以勇力闻于诸侯。祷于尼丘[8]，生孔子，故名之曰丘，字仲尼。孔子之生鲁襄公[9]之二十二年也。孔子为儿嬉戏，常陈俎豆[10]，设礼容[11]。幼而丧父，葬于防山[12]，母不以告。及母死，不知其墓，乃殡于五父[13]之衢。有过而疑焉，因问之，得于聊曼父之母，然后合葬于防。孔子长九尺六寸，人皆谓之长人，盖未有知之者。年三十有四，鲁大夫孟僖子[14]病且死，属说[15]与何忌[16]事之而学礼焉，以定其位。[17]

【注释】

【1】宋缗（mín）公：春秋时期宋国君主，子姓，宋氏，名共，谥号缗。

【2】弗父何：宋缗公之长子，名何，字弗父。让位于弟鲋祀（宋厉公）。厉公封弗父何为宋国上卿，受采邑于栗（今河南夏邑）。

【3】正考父：春秋时期宋国大夫，辅佐戴、武、宣三公，地位越高态度越恭谨。

【4】孔父嘉：春秋时期宋国人，名嘉，字孔父，官为大司马。

【5】华父督：子姓，华氏，名督，字华父。春秋时期宋国奸臣，官至太宰。

【6】陬（Zōu）：春秋时期鲁国地名，即陬邑，在今山东曲阜东南。

【7】叔梁纥(hé)：孔子的父亲。子姓，孔氏，名纥，字叔梁。官陬邑大夫。

【8】尼丘：山名。在山东曲阜东南，连泗水、邹城界。

【9】鲁襄公：春秋时期鲁国君主，姬姓，名午。

【10】俎（zǔ）豆：俎和豆，古代祭祀、宴会时盛肉类等食品的两种器皿。

【11】礼容：礼制仪容。

【12】防山：在今山东省曲阜东。东西走向。因望之如防，故名。又因峰如笔架，一名笔架山。

【13】五父：地名。在今山东省曲阜东南。

【14】孟僖（xī）子：姬姓，孟氏，名貜，谥僖。春秋后期鲁国司空，孟孝伯之子，三桓之一。

【15】说（yuè）：即南宫敬叔。姬姓，南宫氏，名说，谥敬。孟僖子的儿子，孟懿子的弟弟。

【16】何忌：即孟懿子。鲁国孟孙氏第九代宗主，名何忌，谥懿，是孟僖子的儿子。

【17】按：本则后原注"阙里世载"。

【译文】

孔子的祖先，是宋缗公的大儿子叫弗父何。弗父何家族世代做宋国的大夫，他的曾孙叫正考父。正考父的儿子叫孔父嘉。孔父嘉被华父督杀害，他的儿子逃亡到鲁国，开始成为陬邑人。孔子的曾祖父叫孔防叔。孔防叔生子伯夏，伯夏生子叔梁纥，以勇武有力闻名于各诸侯国。叔梁纥曾经在尼丘祈祷，生下孔子，所以给他取名丘，字仲尼。孔子生于鲁襄公二十二年。孔子小时候做游戏，常常陈设祭品，确定礼制仪容。他小时候父亲就死了，安葬在防山，但他的母亲不肯告诉他安葬的地点。等到母亲死了，他却不知道父亲的墓在哪里，于是把母亲的灵柩停放在五父衢。有人经过，对此感到很疑惑，于是询问情况，结果孔子在聊曼父的母亲那里打听到了自己父亲的葬地，便把母亲合葬到防山父亲的墓里。孔子身高九尺六寸，人们都叫他"长人"，但没人知道他的才干。他三十四岁的时候，鲁国大夫孟僖子得重病即将死去，叮嘱两个儿子说与何忌以师礼侍奉孔子，向他学习礼仪，以稳固他们的权位。

2

　　齐景公致廪丘[1]于孔子以为养，子不受，曰："吾闻君子当以功受禄，今说景公，未之行而赐廪丘，其不知丘甚矣。"遂辞而行。

【注释】

【1】廪（Lǐn）丘：春秋齐地，在今山东郓城县郓城镇西北。

【译文】

　　齐景公把廪丘这个地方送给孔子以供给养，孔子不肯接受，说："我听说君子应该以功劳接受俸禄，如今我劝导齐国君主，意见未被采纳实行，却将廪丘赏赐给我，他也太不了解我孔丘了。"于是便辞别离开了。

3

　　孔子遭难于陈、蔡之境，绝粮，弟子皆有饥色。孔子歌两柱之间，子路入见曰："夫子之歌，礼乎？"孔子不应，曲终而曰："君子好乐，为无骄也；小人好乐，为无慑也。其谁知之子[1]不我知而从我者乎？"子路不悦，授干[2]而舞，三终[3]而出。及至七日，孔子修乐不休。子路愠见曰："夫子修乐，时乎？"孔子不应，乐终而曰："由，昔齐桓公霸心生于莒，勾践[4]霸心生于会稽，晋文[5]霸心生于骊氏。故居不幽者思不远，身不约者智不广。庸知不遇？"于是兴，明日免于厄[6]。子贡执辔[7]

曰："二三子从夫子而遇此难也，其不忘可也。"孔子曰："恶！是何言也？语不云乎'三折肱[8]而成良医'，夫陈、蔡之间，丘之幸也！二三子从丘，皆幸人也。吾闻人君不困不成王，士不困不成行。昔者汤困于莒，文王困于羑里[9]，秦穆公困于殽[10]，齐桓公困于长勺[11]，勾践困于会稽，晋文困于骊姬。夫困之道，从寒之暖，暖之及寒也。唯贤者独知，其难而言之也。《易》曰：'困[12]，亨。贞，大人吉。'"

【注释】

【1】之子：此人。

【2】干（gān）：盾牌。

【3】三终：表演完三章之乐。

【4】勾践：春秋时越王。后为吴王夫差所败，困于会稽，受屈辱于吴。乃用文种、范蠡为相，卧薪尝胆，立志复仇。十年生聚，十年教训，终于兴兵灭掉了吴国，继而北进，大会诸侯于徐州（山东滕州南），成为春秋后期的霸主。

【5】晋文：即晋文公，春秋晋国之君，姬姓，名重耳，献公次子，太子申生之弟。献公嬖骊姬，杀申生，重耳奔狄；献公既卒，国生变故，重耳乘机回国继位。继齐桓公为诸侯盟主，成为五霸之一。谥文。

【6】厄：灾难。

【7】执辔（pèi）：手持马缰驾车。

【8】折肱（gōng）：折断手臂。此句比喻经过磨炼而经

验丰富。

【9】羑（Yǒu）里：地名。在今河南汤阴北。

【10】殽：殽山，即崤山，位于河南洛宁西北。

【11】长勺：地名，在今山东莱芜东北。公元前684年，齐鲁两个诸侯国交战于长勺，最后以齐国的失败、鲁国的胜利而告终，此即长勺之战。

【12】困：卦名。六十四卦之第四十七卦。坎（☵）下兑（☱）上，卦义为穷困、围困等。

【译文】

孔子在陈国和蔡国之间遇到灾难，粮食断绝了，弟子们都面露饥容。孔子坐在两根柱子间唱歌，子路进来见他说："先生唱的歌，符合礼的要求吗？"孔子不回答，唱完歌才说："君子喜爱音乐，为的是不骄傲；小人喜爱音乐，为的是不害怕。谁知道你不理解我却要跟随我呢？"子路不高兴，拿起盾牌跳舞，舞完三章乐曲才退出。到了第七天，孔子仍然在练习音乐不停止。子路生气地拜见说："先生练习音乐，合乎时宜吗？"孔子不回答，乐曲结束后才说："由啊，从前齐桓公称霸之心产生在流亡莒国之时，勾践称霸之心产生在受困会稽之时，晋文公称霸之心产生在受骊姬迫害之时。所以人不处困境就不会有长远的考虑，身体不受约束就不会有广博的智谋。怎知这就不是个机遇呢？"说到这里便站起身来，而到了第二天就摆脱了困境。子贡边驾车边说："我们几个人跟随先生却遭遇这场磨难，是不应该忘记的。"孔子说："唉！这是什么话？俗话不是说'多次折断手臂从而成为高明的医师'吗。在陈国和蔡国之间的这段经历，是我孔丘的幸运。你们几个跟随我，都是有幸的人。我听说君主不经历困境就不能成为真正的王者，士人不经历困境就不能成就良好的品行。从前商汤受困于莒地，周文王受困于羑里，秦穆公受困于崤山，齐桓公受困于长勺，勾践受困于会稽，晋文公受困于骊姬。困境的规律，从寒冷到温暖，温暖是从寒冷发展而来的。只有贤人才会知晓其中的奥秘，是难以用语言表达出来的。《易经》说：'困卦，亨通。占问，大人吉利。'"

4

孔子困于陈、蔡之间，七日不食，藜羹不糁[1]，弟子皆有饥色。孔子读《诗》《书》，治《礼》《乐》不休。子路进谏曰："凡为善者，天报以福；为不善者，天报以祸。今先生积德行，为善久矣，意者尚有遗行[2]乎？奚居之隐也？"孔子曰："由，来。汝不知，吾语汝：子以智者为无不知乎，则王子比干何为剖心而死？子以谏者为必听邪，伍子胥何为抉目[3]于吴东门？子以廉者为必用邪，伯夷、叔齐何为饿死首阳之下？子以忠[者]为必用邪，鲍庄何为而肉枯？故荆公子高终身不显，鲍焦抱木而立，之推[4]登山焚死。古圣人、君子博学深谋不遇时者众矣，岂独丘哉？贤不肖者，才也；为不为者，人也；遇不遇者，时也；死生者，命也。有其才不遇其时，虽才不用；苟遇其时，何难之有？故舜耕历山而陶于河畔，立为天子，则其遇尧也；傅说负壤土释版筑而立佐天子，则其遇武丁也；伊尹，有莘氏之媵臣[5]也，负鼎俎调五味而佐天子，则其遇成汤也；吕望[6]行年五十卖食于棘津，行年七十屠牛朝歌[7]，行年九十为天子师，则其遇文王也；管夷吾束缚胶目居槛车中，自车中起为仲父，则其遇桓公也；百里奚自卖取五羊皮而为卿大夫，则其遇秦穆公也；沈尹名闻天下，为令尹而让孙叔敖，则其遇楚庄王也；伍子胥前多功后戮死，非其智益衰也，前遇阖庐后遇夫差也。夫骥厄盐车，非无骥状也，夫世莫知也；使骥得王良、造父，骥其无千里之足乎？芝兰生于深林，非为无人而不芳。故学者非为通也，为穷而不困。[8]

【注释】

【1】藜羹不糁（sǎn）：野菜汤里没有米粒。糁，煮熟的米粒，此处指古时为调和羹汤所加的米粒。

【2】遗行：失检之行为，品德有缺点。

【3】抉（jué）目：挖去眼睛。

【4】之推：介之推，春秋时期晋国人，后人尊其为介子。介之推随从公子重耳出亡，因途中断粮，遂割股奉主。重耳回国继位后，他隐居绵山不肯出仕。重耳为逼其下山，便放火烧山，介之推抱树而死。重耳深为愧疚，遂改绵山为介山，并立庙祭祀他。据说寒食节就是为了纪念介之推而产生的。重耳，史称晋文公，为春秋五霸之一。

【5】媵（yìng）臣：古代随嫁的臣仆。

【6】吕望：姜姓，吕氏，名尚，字子牙。尚年老，隐于渔钓，

文王出猎，遇于渭水之滨，与语大悦，曰："吾太公望子久矣。"故号之曰太公望，亦称吕望，世称姜太公。

【7】朝歌：地名。殷纣的都城，在今河南省淇县东北。

【8】按：本则后原注"并见《说苑》"。

【译文】

孔子一行被围困在陈国和蔡国之间，七天没有饭吃，野菜汤里没有米粒，弟子们都面露饥容。孔子诵读《诗经》和《书经》，研究《礼经》和《乐经》，没有停止。子路上前劝谏说："凡是做好事的人，上天会用福分来报答他；做坏事的人，上天会用灾祸来报复他。现今先生积德行做善事已经很久了，想来还有过失的行为吧？否则为什么处境如此穷困呢？"孔子说："由啊，你过来。你不知道，我告诉你：你以为智者就一定会无所不知吗，那么王子比干为什么会被剖心而死呢？你以为进谏者的话就一定会被听取吗，那么伍子胥的眼睛为什么会被挖出来挂在吴国都城的东门呢？你以为廉洁者就一定会被任用吗，那么伯夷和叔齐为什么会饿死在首阳山下？你以为忠臣就一定会被任用吗，那么鲍庄为什么连肉体都干枯了呢？所以荆公子高一辈子不显达，鲍焦抱着树枯槁而死，介之推上山隐居宁可被烧死也不出仕。古代的圣人和君子，学问广博、智谋深远却又没有好机遇的非常多，又怎么会是只有我孔丘一个呢？贤能还是不成器，在于才干；做还是不做，在于自身；有机会还是没机会，在于时机；死亡还是生存，在于命运。有那样的才干却没遇上那样的时机，虽然有才干却不被任用；如果遇上那样的时机，施展才干又有什么难的呢？所以舜在历山耕种，在黄河边制作陶器，被立为天子，那是因为他遇上了尧；傅说背泥土筑墙壁，被解除劳役从而辅佐天子，那是因为他遇上了武丁；伊尹原来是有莘氏陪嫁的奴隶，扛着厨具，调和五味，后来却能辅佐天子，那是因为他遇上了成汤；吕望五十岁的时候还在棘津卖吃的，七十岁的时候还在朝歌城宰牛，到了九十岁时却当上了天子的老师，那是因为他遇上了周文王；管仲被绑起来，蒙上眼睛，关在囚车里，却从囚车里被起用为仲父，那是因为他遇上了齐桓公；百里奚以五张羊皮出售自己，却被用作卿大夫，那是因为他遇上了秦穆公；沈尹名闻天下，做了令尹，却让给孙叔敖，那是因为他们遇上了楚庄王；伍子胥原先立下很多功劳，后被杀死，不是他的智谋越来越衰退，而是因为他先遇上了阖庐，后来却遇上了夫差。良马受困于拉盐车的苦役，不是因为没有良马的状态，而是因为世人不能识别它；如果良马遇上王良、造父这样的驭马高手，难道它会没有奔驰千里的脚力吗？芝草和兰草生长在深山老林中，不会因为没有人欣赏它们就不芳香。所以求学的人不是为了显达，而是为了在逆境中却不困顿。"

5

孔子过宋，与弟子习《礼》于大树下。宋司马使人伐其树，去，适郑。[1]

【注释】

【1】按：本则后原注"典略"。

【译文】

孔子访问宋国，和弟子们在一棵大树下研习《礼经》。宋国的司马派人砍掉那棵树，于是孔子一行便离开，往郑国而去。

6

仲尼曰："吾闻尧舜游首山，观河渚，乃有五老亦观河渚。一老曰：'河图将来，告帝期。'二老曰：'河图持龟，告帝谋。'三老曰：'河图将来，告帝书。'四老曰：'河图将来，告帝图。'五老曰：'河图将浮，龙衔玉苞，金泥玉检[1]封盛书。'五老飞为流星，上入昴[2]。"[3]

【注释】

【1】金泥玉检：以水银和金为泥作饰、用玉制成的检。古代天子封禅所用。

【2】昴（mǎo）：星宿名。二十八宿之一。白虎七宿的第四宿。又名髦头、旄头。有亮星七颗（古代以为五颗，故有昴宿之精转化为五老的传说）。

【3】按：本则后原注"《论语谶》"。

【译文】

孔子说："我听说尧和舜游览首山，远观黄河中的洲渚，刚好有五位老人也在远观黄河中的洲渚。第一位老人说：'河图就要出来了，告知帝王预定的时间。'第二位老人说：'神龟就要背负河图出来了，告知帝王做好打算。'第三位老人说：'河图就要出来了，告知帝王文字。'第四位老人说：'河图就要出来了，告知帝王图像。'第五位老人说：'河图就要浮出来了，含在龙嘴里，宝玉包裹，以水银和金为泥作饰，用玉制成的检里面封藏着天书。'说完五位老人便化为流星飞上天空，进入昴宿。

7

孔子厄于陈，弦歌[1]于馆中。夜，有人长九尺余，皂衣[2]高冠，大咤，声动左右。子路引出，与战于庭，仆于地，乃大鳀鱼[3]也。子曰："吾闻物老则群精依之，因衰而至，此其来也。夫六畜之物，及龟蛇鱼鳖及草木久者，皆神为妖怪，故谓之五酉。五酉，五行之方皆有其物酉者，老也。故物老皆为怪，杀之则已，夫何患焉？"[4]

【注释】

【1】弦歌：依和着琴瑟的声音来咏诗。

【2】皂（zào）衣：黑色衣服。

【3】鳀（tí）鱼：原注谓即鲇鱼。

【4】按：本则后原注"《搜神记》"。

孔子在陈国遭遇困境，在住处依和着琴瑟的声音来咏诗。晚上，有个人身高九尺多，黑衣服，高帽子，大声叫嚷，声音惊动了旁边的人。子路把他引出来，在庭院中大战，结果使他扑倒在地，化成一条大鲇鱼。孔子说："我听说东西老了，各种精灵就会来依附，谁衰弱就来找谁，这是它来到这里的缘故。牛、马、羊、鸡、狗、猪这六种家畜，以及龟、蛇、鱼、鳖，还有野草、树木之类，时间久了，就会有精灵依附从而成为妖怪，所以人们把它们叫作'五酋'。五酋，是指五行的各个方面都有那相应的东西，酋，就是老。所以东西老了就会变成妖怪，把它杀掉就可以了，又有什么可害怕的呢？"

曾子第二十

1

曾子从仲尼在楚，心动[1]。问母，母曰："思之，啮指。"

孔子闻之曰："参之至诚[2]，精感万里。"[3]

【注释】

【1】心动：心中震悸不安。

【2】至诚：心意极诚恳。

【3】按：本则后原注"《搜神记》"。

【译文】

曾子跟随孔子在楚国，忽然感到心神不宁。后来他回到鲁国家中，询问母亲当日是否发生了什么事情，他的母亲说："我想念你，咬到了手指头。"孔子听到后说："曾参的心意极为诚恳，其精气能够感应到万里之外。"

2

子曰："天子之德，感天地，动八方。是以功合神者称皇，德合天地者称帝，义名曰王。"[1]

【注释】

【1】按：本则后原注"《帝王世纪》"。

【译文】

孔子说："天子的德行，能够感应天地，触动八方。所以功业符合神明的叫'皇'，德行符合天地的叫'帝'，做到信义的叫'王'。"

3

孔子与闻鲁国之政，齐人惧曰："孔子为政必伯[1]，伯则吾地近焉，我为之先并矣。盍致地焉？"犁鉏[2]曰："请先沮[3]之；沮之不可，致地庸迟乎！"于是选国中女子八十人，皆衣文衣[4]、舞康乐[5]，文马三十驷[6]，以遗鲁君。鲁君游观终日，卒受之，三日不朝。孔子遂行，师己[7]送之曰："夫子则非罪。"孔子曰："吾歌可夫？"歌曰："彼妇之口，可以出走；彼妇之谒，可以死败。优哉游哉，聊以卒岁！"师己反，季桓子曰："孔子何言？"师己以实告。桓子叹曰："夫子罪我，以群婢故也！"孔子去鲁十三年，适卫者五，适陈、蔡者再，适曹、适宋、适郑、适叶、适楚各一，诸侯皆莫能用，卒自卫反鲁。盖定公十四年，由大司

寇^[8]摄相事，时也齐归女乐，孔子行。^[9]

【注释】

【1】伯（bà）：同"霸"，古代诸侯联盟的首领。

【2】犁鉏（chú）：人名，即"黎鉏"，春秋时期齐国的客卿。

【3】沮（jǔ）：破坏，败坏。

【4】文衣：华美的服装。

【5】康乐：古代的一种舞曲。

【6】驷（sì）：古代同驾一辆车的四匹马。

【7】师己：春秋时期鲁国大夫。

【8】司寇：官名。古代中央政府中掌管司法和纠察的长官。

【9】按：本则后原注"《孔子世家》"。

【译文】

孔子参与处理鲁国的政务，齐国人感到害怕，说："孔子执掌国政，鲁国一定会称霸，称霸又跟我国相邻，我国必然首先被鲁国吞并。何不割地给鲁国请求宽恕呢？"犁鉏说："请先腐蚀他们；腐蚀不了，割地也不迟啊！"于是选择国内美女八十人，都穿着华丽的服装，伴着康乐翩翩起舞，还有毛色漂亮的马三十组，都送给鲁国国君。鲁国国君整天游玩观赏，最终接受这些礼物，三天不上朝。孔子便离开了鲁国，师己送别他说："这不是先生的过错。"孔子说："我唱首歌给你听好吗？"歌的意思说："那个妇人的话，我应该离开了；那个妇人的请求，会让国家破败灭亡；闲散一些吧，姑且度过一整年。"师己返回，季桓子问他："孔子说了些什么话？"师己把实情告诉他。季桓子叹息道：
"先生怪罪我，是因为那群奴婢的缘故啊！"孔子离开鲁国十三
年，到卫国五次，到陈国、蔡国两次，到曹国、宋国、郑国、叶
国和楚国各一次，各诸侯国都没有任用他，最终从卫国返回鲁国。
算来是鲁定公十四年的时候，孔子由大司寇代理宰相，当时齐国
把女子乐团送给鲁国，于是他便离开了。

4

鲁沈犹氏，旦饮其羊饱之，以市欺人；公慎氏有妻而恶；慎
溃氏奢侈骄佚；鲁市鬻[1]牛马者善豫价[2]。孔子为鲁司寇，沈
犹氏不敢饮其羊，公慎氏出[3]其妻，慎溃氏逾境而走，鬻牛马
者不豫价，布正以持之也。既为司寇，季、孟堕郈[4]、费之城，
齐人归所侵鲁之地，由积正之所致也。故曰："其身正，不令而
行。"【5】

【注释】

【1】鬻（yù）：卖。

【2】豫价：漫天要价。

【3】出：休弃。

【4】郈（Hòu）：古地名，在今中国山东省东平县。

【5】按：本则后原注"刘向《新序》"。

　　鲁国有个沈犹氏，一大早让羊吃得饱饱的，再到市场去卖，欺骗买羊的人；公慎氏的妻子非常凶悍；慎溃氏生活奢靡骄纵；鲁国市场上卖牛马的人漫天要价。孔子担任鲁国的司寇，沈犹氏不敢故意让羊吃饱再去卖，公慎氏休了他的悍妻，慎溃氏逃离国境，卖牛马的人不再漫天要价，这些都是孔子主持正义引起的。孔子担任司寇之后，季孙氏和孟孙氏推倒郈邑和费邑的城墙以亲民，齐国归还了原来所侵占的鲁国土地，这些都是孔子积累正气引起的。所以说："只要自身行为端正，不用下命令，民众也会遵照执行。"

5

　　楚昭王召孔子，欲使执政，而封以书社[1]七百里。子西[2]谓楚王曰："楚之祖封于周，为子男[3]五十里。今孔子述三王之法，明周召[4]之业，王若用之，则楚安得世世堂堂方数千里乎？文王在丰，武王在镐，百里之君，卒王天下。今孔丘得据土壤，贤弟子为佐，非楚之福也。"昭王乃止。[5]

【注释】

【1】书社：古代二十五家为一社，将社内户口书于版籍，称为"书社"。

【2】子西：楚国公子申，字子西。

【3】子男：子爵和男爵。古代诸侯五等爵位的第四等和第五等。

【4】周召（shào）：亦作"周邵"。周成王时共同辅政的周公旦和召公奭的并称。两人分陕而治，皆有美政。

【5】按：本则后原注"《史记》"。

【译文】

楚昭王召见孔子，想让他执掌国政，并封给他造册人口土地七百里。子西对楚王说："楚国先王接受周王朝赐封，只不过是子爵、男爵，土地才五十里。如今孔子讲述三王的法则，阐明周公、邵公的业绩，您如果用他，那么楚国怎么可能世世代代都拥有方圆数千里的土地呢？文王在丰京，武王在镐京，只不过是百里之地的君主，最终称王天下。如今孔丘如果拥有封地，又有贤良能干的弟子辅佐，这不是楚国的福分啊。"楚昭王于是打消了这个念头。

6

卫孔文子[1]将攻太叔，问策于仲尼。仲尼辞不知，退而命载而行。季康子以币迎孔子，孔子归鲁。孔子去鲁凡十四年而反乎鲁。[2]

【注释】

【1】孔文子：即孔圉，卫国大夫，谥号文。

【译文】

卫国孔文子准备攻打太叔，请孔子出主意。孔子推辞说自己不知道，告退后便安排车辆离开。季康子用礼金迎接孔子，孔子便回到鲁国。孔子离开鲁国共计十四年然后返回鲁国。

7

孔子曰："孝弟[1]之至，通乎神明，光于四海，舜之谓也。"

【注释】

【1】孝弟（tì）：即"孝悌"。孝顺父母，友爱兄弟。

【译文】

孔子说："孝敬父母、友爱兄弟到了极点，心灵通达神明，光芒照耀四海，说的就是舜。"

8

孔子谓曾子曰："君子不以利害义，则耻辱安从生哉？官怠于宦成[1]，病加于少愈，祸生于怠惰，孝衰于妻子。察此四者，慎终如始。"【2】

【注释】

【1】宦成：谓登上显贵之位。

【2】按：本则后原注"并见《新序》"。

【译文】

孔子对曾子说："君子不因为利益而损害道义，那么耻辱又从哪里产生呢？做官松懈于位高权重的时候，疾病加剧于略有好转的时候，灾祸产生于懈怠懒惰的时候，孝道减退于有了老婆孩子的时候。看清这四点，谨慎终结如同开始。"

9

子曰："听远音者，闻其疾而不闻其舒；望远者，察其貌而不察其形。立乎定、哀之间，而指乎隐、桓。隐、桓之日远矣。"[1]

【注释】

【1】按：本则后原注"《穀梁子》"。

【译文】

孔子说："听远处的声音，能听到激昂的却听不能舒缓的；看远处的人，能看到大体形貌却看不清具体模样。身处鲁定公和鲁哀公的时代，点评鲁隐公和鲁桓公时候的事。鲁隐公和鲁桓公的时代已经远去了。"

10

定公会齐侯于夹谷[1]，孔子相[2]。两君就坛，两相相揖。齐人鼓噪[3]而起，欲执鲁君。孔子历阶而上，不尽一等，命司马[4]止之。孔子视归乎齐侯，曰："两君之合，而夷狄之人何为来为？"齐侯谢曰："寡人之过也。"退而属二三大夫曰："大夫率君行古人之道，二三子率我入夷狄之俗，何为？"乃罢会。齐君使优[5]施舞于鲁君之幕下，孔子曰："笑君者罪当死！"司马行法，首足异门出。齐人惧，来归郓[6]、讙[7]、龟阴[8]之田，盖为此也。因是以见有文事[9]必有武备[10]，孔子夹谷之会见之。[11]

【注释】

【1】夹谷：春秋时期齐国地名。

【2】相：接引宾客。这里指主持会盟。

【3】鼓噪：大声喧闹。

【4】司马：古代中央政府掌管军政的长官。

【5】优：古代指演剧的人。此处实为滑稽艺人。

【6】郓（Yùn）：春秋鲁邑。在今山东省郓城县东。

【7】讙（Huān）：春秋鲁邑。在今山东省肥城市南。

【8】龟阴：春秋鲁邑。在今山东省新泰市西南。

【9】文事：关于文化、教育的事务。

【10】武备：军备。指武装力量、军事装备等。

【11】按：本则后原注"《公羊传》"。

鲁定公和齐国国君在夹谷会盟，孔子担任司仪。两国的国君在盟坛就位，双方的司仪相互作揖行礼。齐国人突然喧闹起来，要抓鲁定公。孔子一步跨两个台阶登上去，到离盟坛顶只差一个台阶时，命令司马制止骚乱。孔子把目光移向齐国国君，说："两国国君会盟，夷狄的人来干什么？"齐国国君道歉说："这是寡人的过错。"退下去叮嘱几个大夫说："人家大夫领着君主遵循古人的法则，你们几个却带着我实行夷狄的习俗，干什么？"便结束会盟。齐国国君派滑稽艺人到鲁国国君的帐幕里跳舞，孔子说："戏笑国君的人其罪当杀！"司马执行法令，头和脚从不同的门扔出去。齐国人感到害怕，归还原先占领的郓、讙和龟阴这三个地方的田地，应该就是因为这个事。从这可见有礼仪方面的事务就一定要有军务方面的准备，孔子夹谷之会便可看出。

11

孔子之宋，匡[1]简子将杀阳虎，孔子似之，甲士围孔子之舍。子路奋戟将下斗，孔子止之曰："何仁义之不免俗也？夫《诗》《书》之不习，《礼》《乐》之不修也，是丘之过也。若似阳虎，非丘之罪也。命也夫！由，歌，吾和汝。"子路歌，孔子和之，三终而甲罢。[2]

【注释】

【1】匡：春秋邑，在今河南省睢县西。

【2】按：本则后原注"《说苑》"。

【译文】

孔子来到宋国，匡人简子要杀掉阳虎，孔子很像阳虎，于是军队把孔子的住处包围起来。子路挥着戟准备下去拼斗，孔子制止他说："为什么仁义之人还是不能免去俗套呢？如果是《诗经》和《书经》没有学习好，《礼经》和《乐经》没有研究好，那就是我孔丘的过错。如果是因为长得像阳虎，那就不是我孔丘的罪过了。这就是命吧！由，你来唱歌，我应和你。"子路唱着歌，孔子应和着，乐曲三章唱完，军队就散去了。

12

仲尼，鲁人，生不知《易》本。偶筮其命，得"旅[1]"，请益于商瞿氏[2]。曰："子有圣智而无位。"孔子泣而曰："天也！命也！凤鸟不来，河无图至。呜呼，天命之也！"叹讫而息志。[3]

【注释】

【1】旅：卦名。六十四卦之第五十六卦。艮（☶）下离（☲）上，卦义为旅行、旅途等。

【2】商瞿氏：商姓，名瞿，字子木，春秋末年鲁国人，比孔子小二十九岁。后来成为孔子弟子。

【3】按：本则后原注"《庖牺氏先文》"。

【译文】

孔子，鲁国人，原来不知道《易经》本经。有一次他偶尔用著草占卦为自己算命，得到旅卦，便向商瞿请教。商瞿说："您有圣人的智慧，却没有圣人的职位。"孔子哭着说："这是上天注定的啊！这就是我的命运啊！凤凰不来，《河图》不出。哎呀，这是老天注定的啊！"感叹完了，他也就放弃了以前的志向。

13

仲尼牛唇【1】，吐教陈机受度。又仲尼虎掌，是谓威射；胸应矩，是谓仪古。又仲尼龟脊【2】。又孔子海口【3】，言若含泽。又夫子辅喉。【4】

【注释】

【1】牛唇：嘴唇像牛。按：或作"斗唇"，意为方嘴。

【2】龟脊：脊背中间隆起。

【3】海口：形容嘴巴很大。

【4】按：本则后原注"《孝经钩命决》"。

【译文】

孔子的嘴唇像牛的唇，开展教育述说机宜合乎法度。还有孔子的手掌像老虎的爪掌，表示威严逼人；前胸方正合乎矩尺，表示符合古法。还有孔子的脊背中间隆起像龟背。还有孔子嘴巴很大，说话好像含着水。还有孔子长着两个喉结。

14

孔子之劲能拓[1]国门之关，勇复孟诸[2]，足蹀[3]狄兔，不以力闻。[4]

【注释】

【1】拓：用手推物。

【2】孟诸：古泽薮名。在今河南商丘市东北、虞城县西北。

【3】蹀（dié）：踏。

【4】按：本则后原注"《吕氏春秋》"。

【译文】

孔子的力气能够徒手推开关闭城门的大门闩，勇敢地来往于孟诸郊野，用脚踢翻飞奔的野兔，但他不是凭借勇力出名。

15

孔子去鲁，佩象环[1]五寸，象言其有文理也，环可循而无穷也。[2]

【注释】

【1】象环：象牙制作的环形佩饰。

【2】按：本则后原注"古《礼记》"。

【译文】

孔子离开鲁国，佩戴着直径五寸的象牙环，象牙是表示有文理，环是表示循环无穷。

16

西狩获麟，有告者曰："有麇[1]而角者。"子曰："孰为来哉？"反袂[2]拭面，涕沾袍，曰："吾道穷矣！"[3]

【注释】

【1】麇（jūn）：獐。形状像鹿，毛较粗，头上无角。

【2】反袂（mèi）：用衣袖拭泪。

【3】按：本则后原注"《公羊传》"。

【译文】

鲁哀公西去打猎，捕获麒麟，有人来报告说："抓到一只像獐但头上长角的怪物。"孔子说："谁让它来呢？"他用衣袖擦眼泪，泪水沾湿了衣服前襟，说："我的学说已经是穷途末路了！"

17

孔子将死，遗秘书[1]曰："不知何一男子，自称秦始皇，上我堂，踞我床，颠倒我衣裳，至沙丘[2]而亡。"后始皇至鲁，观孔子宅，至沙丘而亡。[3]

【注释】

【1】秘书：此处指密信，即秘密的书信。

【2】沙丘：地名，在今河北省广宗县。

【3】按：本则后原注"王充《论衡》"。

【译文】

孔子即将死去的时候，留下一封密信说："不知道哪里的一个男子，自称秦始皇，上我的厅堂，占据我的床，弄反我的衣裳，到沙丘便死亡。"后来秦始皇来到鲁国，参观孔子故居，到沙丘就死了。

18

鲍永[1]为鲁郡太守，时彭丰[2]等不降。阙里无故荆棘自辟[3]，从讲堂扫除至孔子庙。永异之，谓府丞[4]曰："方今厄急，而阙里无故自涤，岂夫子欲行大飨诛无状[5]也？"乃修学，行乡礼，请丰会，手格杀[6]之。[7]

【注释】

【1】鲍永：字君长，西汉末年至东汉初人。曾为绿林军重要将领。刘秀即皇帝位后，他又成为东汉初期敢于抗击强梁的地方官。

【2】彭丰：西汉末至东汉初人。董宪起兵时，任裨将。

【3】自辟：自己除去。

【4】府丞：太守的属官。

【5】无状：行为失检，没有礼貌，谓所行丑恶无善状。

【6】格杀：拼斗杀死，击杀。

【7】按：本则后原注"《东汉观记》"。

【译文】

鲍永担任鲁郡太守，当时彭丰等人不肯投降。阙里的荆棘无缘无故就自行除去，从讲堂一直清除到孔子庙。鲍永觉得很惊奇，对府丞说："现在灾难紧急，而阙里无缘无故自行清洁，难道是孔夫子准备开展大型祭祀诛杀丑恶之徒吗？"于是修建学堂，施行礼节，邀请彭丰赴会，亲手杀死他。

19

鲁哀公十六年夏四月己丑，孔子卒。公诔[1]之曰："旻天[2]不吊，不憗[3]遗一老。俾[4]屏余一人以在位，茕茕[5]余在疚。呜呼哀哉！尼父，无自律[6]！"[7]

【注释】

【1】诔（lěi）：古代叙述死者生平，表示哀悼（多用于上对下）。

【2】旻（mín）天：泛指天。

【3】憖（yìn）：愿意。

【4】俾（bǐ）：使。

【5】茕茕（qióng qióng）：孤独无依的样子。

【6】自律：供自己学习的楷模。

【7】按：本则后原注"《国语》"。

【译文】

鲁哀公十六年夏四月己丑日，孔子去世。鲁哀公撰诔哀悼他说："老天不怜悯我，不愿意留下这位老人。让我一个人居于君位，孤独无依内心痛苦。哎呀！多么哀痛啊！孔夫子，我再也没有这么好的学习楷模了！"

20

孔子卒，受鲁君璜玉[1]，葬郭之北，泗水[2]为之却流。[3]

【注释】

【1】璜玉：半璧形的玉。

【2】泗水：河川名。源出山东省泗水县陪尾山，分四源流因而得名。

【3】按：本则后原注"《白虎通》"。

【译文】

孔子去世，得到鲁国国君赠送的半璧形的玉，安葬在外城的北边，泗水为此停止流动。

　　锤离意[1]为鲁相[2]，出私钱付户曹[3]孔诉修孔子车，身入庙，拭几席剑履。男子张伯除堂下草，得璧七枚，怀其一，以六枚白意。孔子教授堂下床头悬一瓮，召诉问。诉曰："夫子瓮也，背有丹书[4]。"意发视之，中有素书[5]曰："后世修吾书，董仲舒[6]；护吾车，拭吾履，发吾笥，锤离意；璧有七，张伯怀其一。"【7】

【注释】

【1】锤离意：东汉初年贤臣，字子阿，会稽山阴（今浙江绍兴）人。

【2】相：汉时诸侯王国的实际执政者，相当于郡太守。

【3】户曹：掌管籍账、婚姻、田宅、杂徭、道路等事务的官员。

【4】丹书：朱笔书写的文字。

【5】素书：写在白绢上的书信。

【6】董仲舒：西汉名儒，广川（今河北省枣强县东）人。少治《春秋》，孝景时为博士。提倡独尊儒术。著有《春秋繁露》等书。

【7】按：本则后原注"《锤离意传》"。

【译文】

　　锤离意担任鲁国的相，拿出自己个人的钱交给户曹孔诉修理孔子的车，进入孔子的庙，擦拭桌子、剑和鞋子。有个男子叫张伯，清除庭院中的杂草，得到玉璧七枚，私藏一枚在怀里，拿着六枚告诉锤离意。孔子讲课的堂屋床头挂着一个陶瓮，锤离意便叫来孔诉询问情况。孔诉说："这个是孔夫子的陶瓮，背面有丹书。"

锺离意便打开看，里面有写在白绢上的书信，意思是："后世编纂我的书籍的人，叫董仲舒；修护我的车、擦拭我的鞋、打开我的书箱的人，叫锺离意；玉璧有七枚，张伯私藏其中一枚在怀里。"

后 记

本书原题《孔子集语》，顾名思义，乃一本以孔子语录为主的文集。

辑者薛据，字叔容，南宋温州平阳县崇政乡南湖里（今水头镇南湖社区）人。薛凝之第三子。理宗淳祐七年（1247）进士，曾任稽山书院山长，终镇江节干。与父合著《二薛先生文集》（已佚）。

在薛据之前，同类书有梁武帝萧衍《孔子正言》二十卷和初唐王勃《次论语》十卷，均已失传。到了南宋，还有杨简《先圣大训》十卷；之后，则有明朝潘士达《论语外编》二十卷，清朝曹廷栋《孔子逸语》十卷等。但这些书名气与流行程度都比不上《孔子集语》。

薛据《孔子集语》今传《四库全书》本为二十篇，与其自序"乃诠次此书为二十篇，题曰'集语'"的说法相合，应是全本。但宋末林景熙《二薛先生文集序》却谓其"念圣远言湮，为《孔子集语》二十卷"，应是以篇为卷的缘故。原书以一到十篇为卷上，十一到二十篇为卷下。今二十篇照旧，但"卷上""卷下"不再标出。

薛氏辑成此书，系参照《论语》体例。一是篇数同，均为二十篇；二是各篇取名方法同，均为取篇首几个字为名（略过"子曰"），篇名无特别用意；三是篇与篇之间，则与则之间，均无密切联系。所不同的是，《论语》还有孔子弟子语录，《孔子集语》则未单独编入，但也像《论语》一样，还编入少量非语录的内容。

全书二十篇，计187则（现删去2则），一篇最多的23则，最少的只有 5 则。各则篇幅长短悬殊，最多的 482 字，最少的只有 9 字。这些内容分别出自 37 种典籍，其中采用最多的是汉朝刘向《说苑》，计 81 则；其次是汉朝韩婴《韩诗外传》，计 19 则；大多数则只是采用一两则。但辑者并非只是照搬照抄，一些内容还根据需要做了精简与编辑。

薛据《孔子集语》的成功，也引起了后人仿效。其中清朝孙星衍所辑亦名《孔子集语》，但体例不同。在孙星衍的基础上，当代郭沂《孔子集语校注》又补入了很多内容。作为首创的薛据，自是功不可没。何况，这同名的几本书内容或精要，或丰富，取舍标准也各不相同，其实各有所长，并不能相互替代。然而，在孙氏之书和郭氏之书一版再版的现今，薛氏之书却一直未被点校整理出版。在此，要特别感谢中共水头镇委和水头镇人民政府的高度重视，感谢赵昌理委员的精心策划，使本书得以面世。

薛氏原序，对于了解本书自有益处，特附于正文之后。因水平所限，本书的点校与译注差错在所难免，敬请读者朋友不吝赐正。

陈正印

2020 年 3 月于古横阳城北居处

图书在版编目（ＣＩＰ）数据

孔子集语 / （宋）薛据辑：陈正印译注. — 北京 ：中国民族文化
出版社有限公司，2021.12（2025.6重印）
ISBN 978-7-5122-1513-9

Ⅰ．①孔… Ⅱ．①陈… Ⅲ．①孔丘（前551—前479）
—语录 Ⅳ．①B222.21

中国版本图书馆CIP数据核字(2021)第279222号

孔子集语

辑 录 者　薛　据
译 注 者　陈正印
责任编辑　王　华
责任校对　李文学
出 版 者　中国民族文化出版社　地址：北京市东城区和平里北街14号
邮编：100013　联系电话：010-84250639　64211754（传真）
印　　装　三河市同力彩印有限公司
开　　本　787mm×1092mm　16开
印　　张　13.25
字　　数　142千
版　　次　2025年6月第1版第2次印刷
标准书号　978-7-5122-1513-9
定　　价　88.00 元